Les indicateurs financiers du développement durable

Éditions d'Organisation
1, rue Thénard
75240 Paris Cedex 05

Consultez notre site :
www.editions-organisation.com

Chez le même éditeur

• Michel Lamarche, *Sympa la compta !*
• Jean Lochard, *Les ratios qui comptent*
• Daniel Boix et Bernard Féminier, *Le tableau de bord facile*
• Pierre Mora, *Faire le diagnostic-minute de votre entreprise*

© Éditions d'Organisation, 2005
ISBN : 2-7081-3368-3

Paul de Backer

Les indicateurs financiers du développement durable

Éditions
d'Organisation

Sommaire

Le constat :
les entreprises et les organisations sont à la recherche d'un mode d'emploi du développement durable

Le développement durable a l'ambition de faire le lien, au niveau des états – voire au niveau de la planète – entre les aspects sociaux, environnementaux et économiques de la gestion des organisations et ce, en planifiant les projets de développement au-delà des générations actuellement vivantes.

Pour les entreprises et les organisations, dont les responsables sont tenus à des résultats financiers à moyen, court, voire très court terme (comptes de résultats trimestriels), le concept même de développement durable devient abstrait, dès lors qu'il n'est pas étayé par un système prévisionnel de mesures et de contrôle, qui comprend les aspects sociaux, environnementaux et économiques de leur développement.

Depuis l'énoncé du concept de « développement durable » – « *sustainable development* », par le RAPPORT BRUNDTLAND DE 1987 – il y a une génération –, les entreprises et les organisations sont à la recherche d'un mode d'emploi et surtout d'indicateurs, qui puissent s'appliquer à la réalité quotidienne de leur gestion.

Du développement durable au management durable

Le management durable des entreprises et des organisations est au développement durable – *sustainable development* en américain – ce que la pratique est à la théorie, la gestion à la philosophie, le pragmatisme à l'idéologie.

Le management durable se définit d'une façon simple et pragmatique :

Résoudre et financer les problèmes du passé, de telle sorte que les solutions du présent ne deviennent pas les problèmes du futur.

L'application pragmatique du développement durable mène à quelques constats simples, pour les entreprises et les organisations.

- Pour prétendre gérer l'avenir, il faut pouvoir gérer le passé. Gérer le passé représente un coût. Les études de pollution du passé, l'ingénierie de la remédiation se chiffrent en termes financiers. De même, ces efforts sont fondés sur une prévision de coûts et de bénéfices.

- Pour gérer le passé, il faut des mesures de remédiation. Ces mesures sont techniques, technologiques, mais reviennent finalement toujours à des mesures financières. Il convient, par conséquent, d'y appliquer des indicateurs financiers.

- Pour prétendre gérer le présent en termes de management durable, il faut évaluer les impacts de la gestion de l'entreprise ou de l'organisation en termes économiques, sociaux et environnementaux. Cette évaluation, si l'on veut donner un sens à l'application des principes du développement durable, ne concerne pas que son pré carré local ou national. Elle concerne l'inévitable mondialisation du développement durable qui devra être encouragée, guidée et organisée. Cette mondialisation ne se fera pas sans conflits d'intérêts et sans négociations de ces conflits. En dernière analyse, il s'agira toujours de conflits fondés sur des indicateurs financiers.

- Pour prétendre gérer le futur des entreprises et des organisations, il faut à la fois une ambition certaine et une humilité par rapport aux inconnus de la recherche et du développement. L'ambition est celle de tout chercheur, désireux de trouver les solutions posées par les problèmes qui se présentent à lui. L'humilité est celle que toute recherche implique comme possibilité d'échec.

La recherche de ces solutions a un coût et potentiellement un résultat de bénéfices. On peut le calculer en termes financiers. Si l'on doit revenir en arrière face aux résultats des recherches biologiques, biotechnologiques, chimiques, énergétiques, a-t-on eu le courage d'en calculer les coûts ? Les indicateurs financiers seront les seuls qui permettront, non pas de prédire l'avenir, mais d'établir des provisions financières pour les inévitables bavures des recherches scientifiques fondamentales et appliquées, tout le long du XXIe siècle.

Ainsi le management durable se trouve ensoclé solidement dans un système d'évaluation financière des efforts nécessaires de remédiation, de gestion, de prévision et de prospective. Il est évident que, énoncé de cette façon, le management durable n'est pas un concept consensuel, mais conflictuel : les intérêts sociaux, économiques et environnementaux des groupes et des personnes ayant le pouvoir de les poursuivre, sont forcément opposés, au moins partiellement.

A l'instar du développement durable au niveau de la planète, le management durable de l'entreprise est confronté aux conflits de groupes et de personnes à intérêts au moins partiellement opposés. Par conséquent, le management durable ne peut être fondé que sur la négociation. La base la plus simple des négociations dans l'entreprise est celle fondée sur les coûts et les bénéfices.

Et on arrive ainsi au concept nouveau de management durable fondé sur des indicateurs financiers, les seuls à être reconnus au niveau mondial.

En bref

L'application du management durable n'est pas une vue de l'esprit, ni une chimère sortie des réflexions savantes de théoriciens de la gestion, de l'environnement et des ressources humaines.

Elle doit obligatoirement être fondée sur un calcul coûts/bénéfices à court, moyen et à très long terme.

Ce calcul est basé sur des indicateurs financiers.

Les trois réalités du management durable

Le management durable est fondé sur les trois réalités que sont l'économie, le social, l'environnement, qu'il s'agit de gérer de façon conjointe et harmonieuse, lorsque c'est possible, conflictuelle la plupart du temps.

La réalité économique

La réalité économique dispose d'outils de gestion qui sont dans l'ensemble fiables, bien que sujets à caution, étant donné certains dérapages retentissants de grandes entreprises comme Enron, Crédit Lyonnais, Suez ...

Ces outils de gestion ont pour finalité d'apporter une vision claire de l'utilisation des ressources financières, techniques et intellectuelles que chaque partie prenante apporte aux entreprises et aux organisations.

La réalité sociale

La réalité sociale concerne la contribution organisée et codifiée de l'ensemble des acteurs des entreprises et des organisations.

Par définition, les intérêts des uns n'étant pas ceux des autres, cette réalité est essentiellement conflictuelle, mais elle est assez bien maîtrisée, au moins dans l'hémisphère Nord (Russie exceptée). Par un système codifié de représentations et de négociations dans l'Europe occidentale au moins, a été assurée une paix sociale depuis deux générations.

La réalité environnementale

La réalité environnementale est celle que viennent de découvrir les générations actuelles, responsables des entreprises et des organisations, et devant laquelle elles sont pratiquement toujours démunies.

L'application de systèmes de gestion du management environnemental reste pour le mieux rudimentaire, au pire inexistant à ce jour.

Néanmoins la réalité de l'environnement aura connu en l'espace de vingt ans (1980-2000), un développement fulgurant dans l'industrie, dont il convient de saluer l'avancée vers une certaine maturité.

La maîtrise du management de l'environnement

Entre 1980 et 2000, la gestion responsable de l'environnement dans l'entreprise industrielle commence à atteindre une certaine maturité, ouvrant la voie à un mode de gestion d'entreprise, dans lequel l'économique, le social et l'écologique peuvent espérer pouvoir cohabiter. Et les autres organisations, notamment, celles appartenant au secteur tertiaire, commencent à leur emboîter le pas.

Il est temps de formaliser cette tendance sous forme d'un manuel de stratégie et du management durable, appliqué à l'organisation.

Cette maturation de la gestion de l'environnement dans l'industrie est due à plusieurs facteurs :

Le coût de la gestion environnementale défaillante devient insupportable

- Le coût de l'eau ne cesse et ne cessera d'augmenter. Non parce que les fournisseurs de l'eau ne pensent qu'au profit, mais parce que cette matière première demande de plus en plus de traitements entre le captage et la distribution, suite à la pollution ambiante des nappes phréatiques et du réseau des rivières et des fleuves.
- Le coût de la mise en décharge des DIS (déchets industriels spéciaux) a été multiplié par 10 en dix ans, incitant désormais à gérer rigoureusement les déchets et à revoir l'ingénierie des process et des produits, en vue de générer moins de déchets, voire à assurer leur recyclage total ou partiel.
- Il y a en France actuellement douze décharges de classe 1, acceptant des déchets toxiques. Il n'y en aura jamais plus. Quel élu accepterait sur le territoire de son administration une telle poubelle toxique ?
- Le coût du désassemblage (appareils électroniques, automobiles) imposé à partir de 2007 par le législateur, non seulement incite à revoir la conception des produits, mais sera dans les très prochaines années à la base d'une révision totale de la relation production-vente-propriété. Il me paraît évident que, pour les équipements de bureau, les voitures, les équipements électrodomestiques – aussi bien les bruns que les blancs – l'avenir est aux contrats de location longue durée, avec un

rythme précis de renouvellement et de reprise, qui aura en plus l'avantage commercial de fidéliser le client.

» Le coût de réajustement des investissements aux exigences réglementaires, comparé à la prise en compte, dès la conception des équipements de production, non seulement des normes réglementaires en cours, mais surtout à celles à venir, est incomparablement plus élevé.

Il faut se rendre à l'évidence : le coût financier du non-environnement deviendra toujours plus cher qu'une gestion prévisionnelle et responsable de l'environnement.

Il ne s'agit pas seulement d'anticiper les risques d'accidents environnementaux (Erika, AZF), mais aussi de calculer à court, moyen et long terme l'avantage coût/bénéfices de la maîtrise des impacts environnementaux.

Encore faut-il disposer des outils de gestion pour calculer, à la fois la probabilité et le coût des risques d'accidents, et le bilan avantages/ bénéfices de la maîtrise des impacts environnementaux.

L'interrelation entre exigences réglementaires, outils de mesure et contrôle et performance des entreprises

Il y a une dynamique permanente, depuis une dizaine d'années en France, depuis vingt ans en Allemagne et en Scandinavie, tout récemment au niveau de l'Union européenne, entre les lois et les règlements de plus en plus contraignants, les instruments de mesure et de contrôle de plus en plus fins et les équipements de maîtrise des impacts de plus en plus performants.

Il est inévitable que cette dynamique aille de pair avec un renchérissement de la gestion de l'environnement. Ainsi se crée le besoin de disposer d'un outil de gestion de l'environnement qui s'intègre dans le contrôle de gestion tout court et des indicateurs qui l'accompagnent.

Tableau de bord du management durable

L'intégration des fonctions de l'entreprise
et de l'organisation dans un tableau de bord
de management durable

Les théories

Les théories classiques de l'économie de l'entreprise et de l'organisation s'accomodent très mal de l'irruption du facteur social, du facteur environnemental et du facteur d'innovation dans la vie de tous les jours de l'organisation.

Les pratiques d'audit de gestion non seulement ne se sont pas adaptées à cette nouvelle donne que le développement durable impose au management, mais dans la plupart des cas[1], confondent les objectifs, les stratégies, les moyens logistiques, la traçabilité et le contrôle dans leur approche méthodologique.

Le rôle de l'entreprise et de l'organisation dans la société est d'être un transformateur de ressources, ni plus ni moins. Ces ressources sont au nombre de six et des questions se posent à propos de chacune d'entre elles :

- **Les ressources financières**
  Comment faire fructifier les capitaux investis ou faire respecter les budgets alloués ?

- **Les ressources humaines**
  Comment développer l'intelligence et la crédibilité des hommes et des femmes de l'organisation, tout en pourvoyant à leurs besoins matériels essentiels ?

- **Les ressources environnementales**
  Comment faire pour exploiter la richesse de la terre et de la nature, tout en restituant en permanence son état antérieur et pour les régions industrialisées au XIXe et XXe siècles en le rétablissant ?

---

1. Étant moi-même ancien manager d'Arthur Andersen, groupe d'audit international qui a sombré corps et biens lors du scandale Enron, longtemps après que je l'ai quitté, j'ai une certaine expérience en la matière.

⊕ **Les ressources de réalisation**
Comment faire pour produire, construire, maîtriser les moyens de transport, les immeubles, l'agro-alimentaire quotidien, les services dont nous avons besoin, tout en s'intégrant dans un cadre de développement durable ?

⊕ **Les ressources des marchés**
Comment faire pour séduire le consommateur, comment convaincre l'acheteur dans une économie de marché que son produit, son service est meilleur que celui du concurrent, tout en lui démontrant qu'ils s'intègrent dans une politique de développement durable ?

⊕ **Les ressources d'innovation**
Comment faire pour préparer l'industrie et les services aux défis du XXIe et XXIIe siècles ? Pour quels besoins, pour quelle population, pour quels besoins ou opportunités ?

De même, les théories économiques classiques du management confondent le plus souvent, les cinq niveaux de responsabilité que le développement durable impose :

⊕ Les **objectifs**, évidement conflictuels entre eux, concernent les six domaines du management durable, et nécessitent une préparation d'identification et de stabilité sans lesquelles le développement durable ne reste qu'un slogan.

⊕ La **stratégie**, résultat indispensable de la négociation conflictuelle des objectifs des six ressources.

⊕ Les **moyens et la logistique**, qui ne sont que l'exécutif indispensable des objectifs et de la stratégie, mais qui ne peuvent en aucun cas faire fonction de palliatif à l'absence des objectifs et de la stratégie, ce qui est malheureusement très souvent le cas.

⊕ La **traçabilité et la communication**, pour indispensables qu'elles soient, sont deux miroirs des objectifs, de la stratégie et des moyens mis en œuvre, mais ne peuvent en aucun cas prendre la place d'une politique.

⊕ Le **contrôle**, est indispensable, de préférence indépendant, mais il est un auxiliaire à la décision, là où trop souvent il tend à devenir le vecteur de droiture du décideur.

On peut ainsi établir un tableau synoptique du management, qui impose aux décideurs à se poser les questions utiles sur le caractère complet de leur dispositif de management durable.

Tableau synoptique du management durable

Ressources / Politique	Ressources financières	Ressources humaines	Ressources environnementales	Ressources de réalisation	Ressources de marché	Ressources d'innovation
Objectifs	Equilibre : - marge - compromis budgétaire	Equilibre : compromis développement personnel / développement des groupes	Equilibre : - écosystème - compromis d'impact	- Production de biens et de services - Réponse aux besoins présents	Réponse à la demande prix / qualité / environnement / risque social présents	Recherche et développement Réponse aux besoins futurs
Stratégie	Plan financier à moyen et long terme	Gestion prévisionnelle des carrières des personnels et des groupes	Plan de gestion de l'environnement	Plan d'investissements	Plan marketing et développement commercial	Plan de recherche et développement
Moyens / Logistique	Comptabilité analytique Comptabilité générale	Formation / Sélection / Evaluation / Administration du personnel Sécurité / Hygiène Veille réglementaire	- Etudes d'impact - Analyse des risques - Optimisation opérationnelle - Veille réglementaire	Organisation de la production / de réalisation des services	- Organisation des ventes / des prestations - Etudes de marché - Promotion	- Veille technologique - Laboratoire - Recherche publique et privée
Traçabilité / Communication	Indicateurs : bilan et comptes de résultats	Indicateurs : bilan et comptabilité sociale	Indicateurs : bilan environnemental	Indicateurs : tableau de bord de production	Indicateurs : statistiques d'activité - bilan et comptes de résultat	Indicateurs : - brevets déposés - bilan et rapport annuel de recherche
Contrôle	Contrôle de gestion : - audits - obligations légales	Contrôle réglementaire : - audits - obligations légales - OHSAS 18000	Contrôle et mesures réglementaires : - audits - obligations légales - ISO 14001	Contrôle qualité : - audits - ISO 9001	Analyse des parts de marché	Contrôle de gestion et statistiques d'innovation

La valeur de l'entreprise n'est plus estimée
à sa seule rentabilité financière à court terme

La performance environnementale et sociale de l'entreprise, en termes de conformité aux normes réglementaires (air, eau, déchets, bruits, nuisances et risques, mais aussi risques d'hygiène et sécurité, conflits sociaux potentiels), et en termes de passif environnemental et social (pollution des sols, de la nappe phréatique, voisinage du périmètre, responsabilité sociale), a désormais un impact direct sur sa valeur financière.

La valeur des actifs en cas de vente ou de transaction de fusions fera la plupart des cas l'objet d'une étude du passif environnemental et social (*due diligence*).

Cette étude s'applique :

> – soit à des sites en activité, auquel cas elle concerne aussi bien les non-conformités actuelles de l'activité, des pollutions des sols et des sous-sols, que les dysfonctionnements sociaux ;
> – soit à des anciens sites industriels désactivés, auquel cas elle évalue les risques, les dégâts causés aux sols, sous-sols et nappes phréatiques et le cas échéant, l'impact sur la santé des salariés et des riverains.

Dans tous les cas de figure, l'évaluation financière de la mise en conformité fera partie de la négociation de vente/achat.

La valeur économique d'une société n'est ainsi plus estimée à sa seule performance immédiate de rentabilité financière. Ceci est vrai pour les PME comme pour les sociétés cotées en Bourse.

La valeur des actifs d'une société cotée en Bourse est désormais soumise à deux contraintes :

> – les fonds d'investissement, de plus en plus, exigent la preuve de « l'écologiquement et socialement correct » ;
> – le législateur impose désormais un rapport annuel environnemental et social à toutes les entreprises cotées en Bourse en France.

Les points faibles de l'activité industrielle

La pression de l'opinion publique, du législateur et des conditions économiques auront incité, en l'espace de vingt ans, l'entreprise industrielle à se doter d'un minimum d'outils de gestion responsable sociale et environnementale.

Si cette gestion responsable n'est pas encore perçue comme telle par les médias et, par conséquent, par les citoyens, c'est qu'elle souffre de deux inconvénients majeurs :

– elle est visible ;
– elle confond, encore et toujours, communication, information et publicité.

Le risque industriel est visible

La défaillance d'une vanne de rétention dans une usine chimique à SEVESO en Italie, a fait de très sérieux dégâts mortels dans le bétail des exploitations agricoles du voisinage proche et lointain, mais n'a heureusement causé aucune victime humaine (bien que n'ont pas été pris en compte les risques à long terme). Il n'empêche que les réglementations, justifiées, concernant les sites classés (c'est-à-dire à risque) sont désormais intitulées « SEVESO ».

L'horrible, et probablement prévisible, accident de l'usine AZF à Toulouse a causé plus de 30 morts, des centaines de blessés et des dégâts considérables. Dans ce dernier cas, la première réaction de certains élus, au niveau national, a été d'exiger que les entreprises à risque payent les riverains qui seraient expropriés d'office et déménagés des habitations jugées trop proches des sites industriels à risque.

Le risque industriel est visible, lorsqu'il se concrétise en catastrophe, il devient inacceptable.

Le risque des accidents de la route

En revanche, la route tue en France, 6000 personnes par an, soit 500 victimes directes par mois, ou encore 80 accidentés par jour, dont 20 immédiatement mortels.

S'imagine-t-on une loi imposant aux DDE (Direction départementale de l'équipement), responsables du réseau routier, aux douze sociétés d'autoroutes et enfin aux constructeurs de voitures, de camions et d'autocars, de couvrir le coût social et économique de cette héca-tombe, qui pourtant est quotidienne ? Ou encore d'être poursuivis au civil ou au pénal ? La réponse est non. Non, parce que le risque de la route et son corollaire, les accidents de la route, sont socialement acceptés et vécus comme fatalité.

La visibilité de l'entreprise industrielle appelle à une communication et une information sans commune mesure avec sa culture du passé, ni avec les exigences du public par rapport aux services et à l'agriculture.

Cette visibilité, depuis plus de cinquante ans (1946) est exigée par le législateur pour les comptes financiers vérifiés par des commissaires aux comptes dûment mandatés.

La même visibilité est exigée, dès 2002, pour les sociétés cotées en Bourse, pour ce qui est de leur performance environnementale.

La communication est défaillante

La communication sur la performance environnementale est encore trop souvent confondue avec la publicité.

La maturité à laquelle accèdent maintenant les entreprises industrielles en matière de gestion de l'environnement, exige une information objective, impartiale, de préférence vérifiée par des auditeurs indépen-dants, comme cela se passe pour les bilans et rapports financiers.

L'élargissement du management durable aux services

A partir des exigences de plus en plus précises et des pressions qui se sont exercées sur le secteur industriel, le management durable s'est graduellement élargi ces dernières années vers l'agriculture, les services et les administrations.

Que ce soit la banque, les assurances, les fonds d'investissements ou les administrations, les services ont ainsi développé leurs propres normes et exigences en matière de performance et de risques envi-ronnementaux et sociaux. Le « rating » des sociétés à base de critères environnementaux et sociaux est une pratique que les secteurs de services appliquent sur une échelle de plus en plus large et ce, à un niveau mondial.

Dans l'agriculture et la sylviculture, le législateur impose de plus en plus des mesures restrictives, qui tendent à protéger ou même à régénérer les biotopes menacés.

La transition du concept de développement durable vers le management durable aide à clarifier les idées des opérationnels de la gestion. Il leur faut, pour cela, des indicateurs non seulement simples, mais qui couvrent à la fois le domaine social, environnemental et économique de l'entreprise ou de l'organisation.

Le passage du développement durable au management durable des entreprises et des organisations ne peut se faire qu'en adoptant des outils de management courant, qui sont des outils de mesure financière.

Les indicateurs financiers

Les indicateurs de développement durable sont nécessairement financiers en dernière analyse, pour plusieurs raisons :

- Le développement suppose des mesures. Comment mesurer le développement autrement qu'en termes financiers, nullement réducteurs des aspects économiques, sociaux et environnementaux, mais ayant l'avantage de présenter un dénominateur commun ?
- Les mesures, dans des domaines scientifiques aussi vastes que l'environnement, la santé et l'hygiène, le bien-être social et la performance économique, ne peuvent s'exprimer, de façon cohérente, qu'en termes financiers.
- Ceci ne veut nullement dire qu'il faut réduire la réalité des entreprises et des organisations à des données financières de l'environnement, de leur situation sociale, ni de leur situation économique. Il s'agit seulement d'établir une carte lisible du passé, du présent et du futur prévisible des organisations et des entreprises.
- Une carte ne remplace pas le paysage, mais le représente tant bien que mal, de même que les indicateurs ne remplacent pas la réalité, mais permettent d'en évaluer la genèse, de mesurer son présent et dans la mesure du possible, de prévoir son avenir.

* Les seuls indicateurs qui couvrent à la fois la complexité économique, sociale et environnementale du management durable, constituant ainsi une carte lisible, sont les indicateurs
financiers.

On en arrive ainsi à un ordinogramme simple du management
durable, appliqué localement à l'entreprise et à l'organisation.

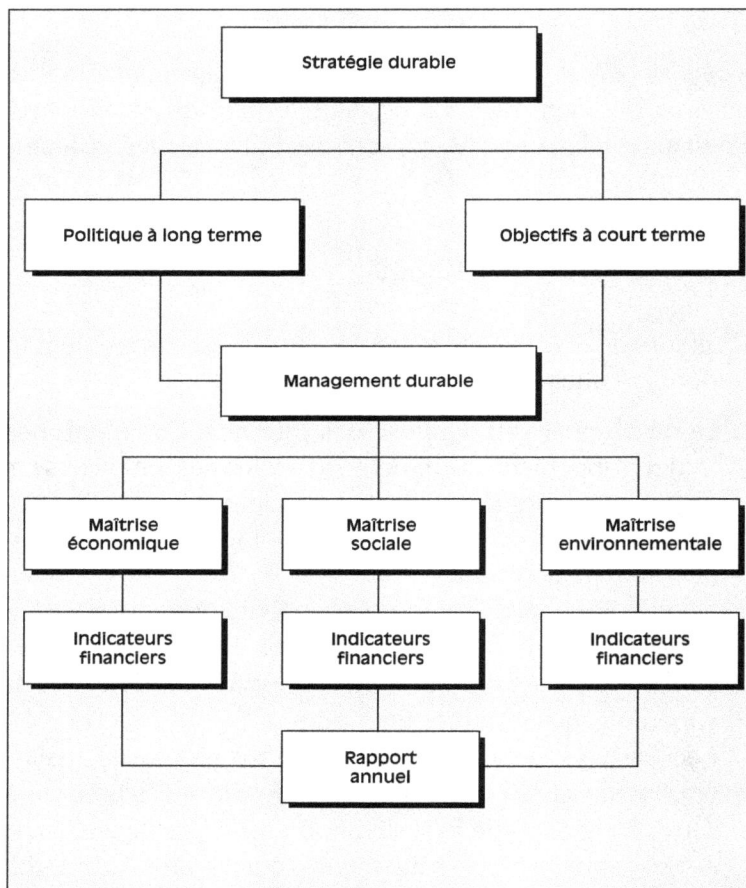

```
                        ┌────────────────────────┐
                        │   Stratégie durable     │
                        └────────────────────────┘

   ┌──────────────────────────┐      ┌──────────────────────────┐
   │  Politique à long terme   │      │  Objectifs à court terme  │
   └──────────────────────────┘      └──────────────────────────┘

                        ┌────────────────────────┐
                        │   Management durable    │
                        └────────────────────────┘

   ┌──────────────┐       ┌──────────────┐       ┌──────────────────┐
   │   Maîtrise    │       │   Maîtrise    │       │    Maîtrise       │
   │  économique   │       │   sociale     │       │ environnementale  │
   └──────────────┘       └──────────────┘       └──────────────────┘

   ┌──────────────┐       ┌──────────────┐       ┌──────────────────┐
   │  Indicateurs  │       │  Indicateurs  │       │   Indicateurs     │
   │  financiers   │       │  financiers   │       │   financiers      │
   └──────────────┘       └──────────────┘       └──────────────────┘

                        ┌────────────────────────┐
                        │        Rapport          │
                        │        annuel           │
                        └────────────────────────┘
```

L'objectif de cet ouvrage, démonstrations et études de cas à l'appui, est
de prouver qu'il est possible de faire du développement durable un
concept applicable à la gestion des entreprises et des organisations.

Qui passe inexorablement par la mise en place d'indicateurs financiers.

Chapitre 1

Le développement durable en pratique

Le passage du macro-économique au micro-économique

Il faut définir le développement durable – ou développement soutenable – ce qui n'est pas la même chose, en termes compréhensibles et concrets pour les responsables et les employés des entreprises et des organisations qui, en dernière analyse, seront les moteurs de sa mise en œuvre.

Ces responsables et employés ont été éduqués, formés et embauchés contractuellement sur des accords de performance et de compétence qui en fin de compte reviennent au respect d'un budget et surtout d'un compte de résultat annuel.

Il ne faut pas s'étonner, dans ces circonstances, que le développement durable pour ceux et et celles-là est un concept qui se rapproche davantage de la philosophie que de la pratique.

Néanmoins, c'est d'eux et d'elles que dépend l'application concrète du développement durable, dans l'entreprise et dans l'organisation. Pour qu'ils/elles le comprennent et l'appliquent, il n'y a qu'une seule solution : intégrer le développement durable dans leur conditionnement intellectuel et culturel ambiant.

Ce qui revient à leur fournir des outils de mesure financière de l'application du développement durable.

Pour ce faire, il s'agit d'abord d'examiner le concept même de développement durable, dans son énoncé d'origine et dans son application pratique.

En passant du macro-économique (la planète) au micro-économique (l'entreprise) on s'aperçoit qu'il y a des lacunes qui expliquent que l'application en pratique du concept a du mal à se réaliser.

Les 4 chaînons manquants
du rapport BRUNDTLAND

Les chaînons manquants dans la définition BRUNDTLAND sont au nombre de quatre :

- la dimension temps,
- la dimension financière,
- la dimension technologique,
- la dimension idéologique.

Le rapport BRUNDTLAND en 1987 définit le développement durable comme :

« Le développement qui répond aux besoins du présent sans compromettre la capacité des générations futures de répondre aux leurs ».

Transposée du niveau macro-économique (la planète), au niveau micro-économique (l'entreprise), cette définition, véritable fondement de la philosophie du développement durable, est très insatisfaisante. En effet, lors de son application à la gestion de l'entreprise et de l'organisation, le concept laisse apparaître des manques et développe des insuffisances qui expliquent les difficultés de son application pratique.

La dimension temps n'est pas prise en compte

La gestion du développement durable ne concerne pas que le présent et le futur, mais dans une très large mesure, le passé.

EXEMPLE   **RENAULT, KRUPP, COCKERILL**

Le plan local d'urbanisme (PLU) des cinquante hectares que constituent les terrains des anciennes usines RENAULT au sud-est de la ville de Boulogne-Billancourt, répond parfaitement, concernant le présent et le futur, à la philosophie du développement durable : l'équilibre entre les préoccupations sociales, économiques, culturelles et environnementales, est inscrit de façon détaillée dans les textes qui régissent ce dernier très grand chantier d'aménagement du territoire d'Ile-de-France.

Si ce PLU est effectivement appliqué, les générations futures ne pourront que se féliciter que leurs anciens n'aient pas cédé aux sirènes de la spéculation immobilière effrénée, comme ce qui a pu être par le passé et dans un proche présent pour ce type de chantier. Aujourd'hui, le pouvoir et la vigilance des associations qui se constituent autour des projets, sont tels qu'ils devraient, au moins en théorie, garantir les générations à venir contre les menaces d'une urbanisation sauvage.

Mais si la politique de développement durable d'aujourd'hui sème pour le bien-être des générations futures, elle récolte cependant les fruits de la politique passée ; il faut bien compenser les manquements et méfaits de presque soixante-quinze ans d'incurie industrielle, qui laisse un héritage désastreux en terme de pollution des sols, voire en terme de reconversion industrielle et tertiaire.

Depuis dix ans, Renault consent des efforts financiers et technologiques considérables pour dépolluer une partie seulement de ses terrains. Et cinq ans sont encore nécessaires pour que l'ensemble puisse être livré, libre de toute pollution : soit quinze ans pour dépolluer et soixante-quinze ans de pollution. Notons que c'est tout à l'honneur de Renault d'avoir assumé cette responsabilité, exemple unique dans l'histoire industrielle du XXe siècle.

Ce ratio temps/coûts est le même pour Krupp qui a occupé des terrains dans la Ruhr en Allemagne, et Cockerill pour les friches industrielles que le groupe laisse dans le bassin Liégeois en Belgique.

Cette prise en charge n'est pas un acte de foi uniquement – bien que l'engagement des nouveaux dirigeants soit un élément essentiel de la nouvelle voie choisie – mais est aussi dûment calculé en termes de coûts/bénéfices.

Dans ces quelques cas, qui ne sont que des exemples parmi des milliers, ce n'est pas le présent qui menace le futur, c'est le passé. Mais assumer le passé a un coût.

La dimension financière n'est pas prise en compte

Nulle part n'est mentionné le prix à payer pour la maîtrise des aspects sociaux, économiques et environnementaux du passé, du présent et du futur.

Au-delà de la définition BRUNDTLAND, que ce soit pour corriger les pollutions du passé, pour promouvoir des technologies non polluantes,
pour assurer une vie socialement acceptable dans l'hémisphère Sud,
pour remplacer les pratiques prédatrices de la faune et de la flore, pour
innover dans des technologies non seulement non polluantes, mais
capables de corriger les erreurs du passé, le sésame s'appelle l'argent.

La dimension financière du management durable est indissociable de
ses dimensions économiques, sociales et environnementales.

Le problème des indicateurs financiers est qu'ils font à la fois partie de la
gestion des entreprises et des organisations (plan micro-économique) et
de la gestion du développement durable de l'ensemble de la société
(plan macro-économique). Ce faisant, ils mettent à nu les intérêts économiques nécessairement contradictoires et donc conflictuels des différents groupes et personnes aux intérêts au moins partiellement opposés.

Réduire le développement durable à une simple question d'argent…
c'est descendre de l'Olympe au bureau obscur du comptable. Et pourtant, c'est bien là que se font les comptes.

L'aspect technologique n'est pas mentionné

Ériger le principe de précaution en dogme ne reflète pas la réalité

Les avancées technologiques ne sont mentionnées dans l'énoncé du
développement durable que sous un aspect négatif, qui aboutit logiquement au principe de précaution. Or ériger en dogme le principe de
précaution ne rend pas compte de la réalité de la recherche.

La recherche comporte par nature des risques

Le principe de précaution condamne toute recherche technologique
qui ne puisse garantir de son caractère inoffensif ; d'où l'obligation
pour le chercheur de démontrer l'innocuité des finalités de sa
recherche avant de la commencer.

> Que les recherches aient un objectif clairement énoncé, rien de
> plus normal, mais selon le principe de précaution, les résultats
> ne peuvent pas s'orienter vers des applications insoupçonnées
> au départ.

❧ Que ces applications soient utilisées à des fins bénéfiques ou destructrices pour l'Homme et l'environnement est un problème d'éthique et de législation, pas un problème de recherche.

La recherche de tout temps, a comporté, comporte et comportera des risques et, par conséquent des angoisses, qui entraînent immanquablement le débat sur les applications potentiellement dangereuses vers le domaine de l'irrationnel.

L'exemple le plus criant actuellement est constitué par des prises de positions sur les OGM.

EXEMPLE   **LES SEMENCES RÉSISTANTES
À LA SÉCHERESSE**

Entre les semences « exterminator » de Monsanto (semences non reproductrices) et les semences résistantes à la sécheresse au Sahel ou au nord-est du Brésil, il y a la même différence qu'entre le laser employé comme arme dans *la Guerre des étoiles* et le laser utilisé pour effectuer une intervention chirurgicale sur la rétine de l'œil.

Toute invention, de tout temps, a été, est et sera employée à des fins destructrices ou constructives, selon l'usage que l'Homme veut bien en faire.

EXEMPLE   **MIROIRS CONCAVES ET CENTRALE SOLAIRE**

La première application connue dans l'histoire de l'énergie solaire est celle qu'ARCHIMÈDE captait dans ses miroirs concaves, en vue d'incendier les vaisseaux romains qui assiégeaient sa ville natale, Syracuse en Sicile. Le même principe de miroirs concaves, toujours en Sicile, est à la base de la première centrale solaire à l'échelle industrielle, inventée par le prix Nobel de physique 1984 CARLO RUBBIA[1], produisant 20 MW d'électricité, soit 12 500 tonnes équivalent de pétrole (TEP).

---

1. Le professeur CARLO RUBBIA, ancien directeur du Centre européen de recherche nucléaire (Cern) est également l'inventeur du « Rubbiatron », réacteur à base de thorium au lieu d'uranium, qui – s'il était utilisé – éliminerait le problème des déchets

La recherche par nature… se cherche

Le principe de précaution nie toute recherche fondamentale dans le sens où il sous-tend que le chercheur connaisse les buts de sa recherche en l'initiant. Or la recherche fondamentale est une recherche théorique qui ne sait pas, par définition, où elle va, et dont les applications pratiques ne sont pas immédiates, voire restent oubliées et jamais mises en œuvre. Toute l'histoire des sciences et des innovations[1] prouve cet état de fait.

EXEMPLE   MIROIRS CONCAVES ET LOCOMOTIVE

Le même ARCHIMÈDE qui brûlait les vaisseaux romains avec ses miroirs concaves avait inventé un petit mouvement mécanique virevoltant à base de vapeur, qui amusait beaucoup son tyran de patron HIÉRON DE SYRACUSE. Quelque 2 000 ans plus tard (soit 100 générations), STEPHENSON a eu l'idée d'en faire une locomotive.

Substituer au principe de précaution le principe de réversibilité

En passant de la recherche fondamentale à la recherche appliquée, si on constate que les retombées ne sont que destructrices, peut-on revenir en arrière ? Et si oui, à quel prix ?

Le principe de réversibilité doit pouvoir concilier la recherche fondamentale, son fonctionnement financier à court terme, la prévision de ses retombées potentielles en termes d'impacts sociaux et environnementaux et le rapport coût/bénéfices : si les impacts sont jugés plutôt positifs, quel est le bénéfice à en tirer ? Si les impacts sont jugés plutôt négatifs, quel est le coût pour en éliminer les séquelles ?

Les indicateurs financiers sont certes fondés sur des estimations, mais ils ont le grand avantage d'obliger à anticiper et rationaliser les conséquences des choix des recherches, sans en entraver les voies.

Substituer le principe de réversibilité à celui de précaution aide beaucoup à sortir de la démagogie ambiante des débats sur l'énergie, les biotechnologies, la biodiversité, pour n'en citer que quelques-uns.

---

1. Voir *Eléments d'histoire des sciences*, MICHEL SERRES, Bordas, 1989.

La dimension idéologique est niée

En s'adressant à des «générations», la philosophie BRUNDTLAND n'iden-
tifie pas quel modèle d'organisation, étatique, de l'entreprise privée ou
de l'administration, est visé.

Or au niveau mondial comme au niveau local de l'entreprise ou de
l'administration, les intérêts économiques de l'un ne sont pas ceux de
l'autre, le modèle de société de l'un n'est pas celui de l'autre et surtout,
l'idée de ce que devrait être l'environnement (c'est-à-dire l'idéologie)
n'est nullement partagée de façon universelle. La gestion de ces
conflits est une dimension essentielle du management durable.

Respecter les différences de référentiels de chaque entité

Les référentiels, inculqués par l'histoire et l'éducation sont différents
d'une religion à l'autre, d'un continent à un autre, d'un groupe à un
autre, d'une agence Onusienne à une autre. Ceci au niveau culturel, au
niveau social, mais souvent simplement au niveau de la compréhension, ou du manque de compréhension, des faits locaux.

EXEMPLE **DOUBLE STOCK**

> Je me souviens lorsque j'ai pris mes fonctions de président de SOLEX
> ZENITH PLC à Londres, d'un coup de fil du directeur financier de mon
> actionnaire principal – français – m'invitant à « mettre de l'ordre
> dans les achats et dans la gestion des stocks, dont le montant est le
> double de ce qui se pratique chez nous ». En termes moins diploma-
> tiques, cela voulait dire « virez-moi ces deux incompétents qui
> gèrent les achats et les stocks ».

> Enquête faite, il s'avérait que la Grande-Bretagne était passée, quel-
> ques années auparavant, du système de mesures « impérial » au
> système de mesures « métrique ». Et que les équipementiers que
> nous étions avaient l'obligation contractuelle d'avoir en réserve des
> pièces de rechange pendant au moins dix ans. D'où le double stock.
> Mais personne, chez mon actionnaire principal, n'avait eu la curio-
> sité de vérifier pourquoi ce dédoublement.

Moins anecdotiques sont les différences de référentiels d'une culture à
une autre, d'un continent à un autre. Vouloir appliquer les mêmes

normes de management durable en Thaïlande, en Nouvelle-Zélande, au Brésil et en France est, dès le départ, voué à l'échec.

EXEMPLE   **L'ONG SALÃO DO ENCONTRO**

A 80 km de Belo Horizonte, capitale de l'État du Minas Gerais, au Brésil, une ONG accueille en permanence, une centaine d'enfants des rues, leurs parents, des personnes âgées, des nouveau-nés abandonnés, et des adolescents qui deviendront, soit éducateurs à leur tour, soit artisans, commerçants, etc., grâce au métier qu'ils auront appris.

L'originalité de cette ONG, le « SALÃO DO ENCONTRO », est que non seulement elle héberge et forme les enfants, mais dès le plus jeune âge, elle les initie à l'économie de marché, en leur apprenant la valeur des choses et surtout la valeur de leur propre travail. Ainsi, ils/ elles apprennent très tôt à vivre de leur travail.

Avec une régularité exemplaire, l'ONG tient les comptes, non seulement de son organisation globale, mais aussi du travail de chacun des enfants et des adolescents, qui y sont accueillis.

Mais le Brésil, qui est un État fédéral moderne et qui applique le modèle de l'hémisphère Nord, interdit le travail des enfants. Et pèsent alors sur l'ONG, de la part des autorités chargées de la protection de l'enfance, des menaces régulières de fermeture pour cause d'« exploitation illicite du travail de mineurs ».

Or le long de la route qui mène de Belo Horizonte au site de l'ONG, on peut acheter pour quelques reais[1] de la drogue ou les « charmes » d'enfants du même âge que ceux qui travaillent. Mais cela n'entre pas dans le cadre de la législation sur l'« exploitation illicite du travail des mineurs »…

Et à aucun moment, il ne viendrait à l'esprit des élus brésiliens ou de l'administration de calculer les coûts/bénéfices sociaux et environnementaux globaux d'une fermeture d'un centre comme le « SALÃO DO ENCONTRO ». En cela, ils ne sont pas différents de leurs homologues américains et européens, qui ont appris à comptabiliser et penser en termes stricts de l'organisation, et jamais en termes conflictuels des modèles de management durable adapté aux réalités du terrain.

---

1. Real : unité monétaire brésilienne.

Privilégier la négociation
pour un management durable adapté

Le développement durable et son application pratique, le management durable, n'ont de sens que s'ils sont conçus et suivis dans la globalité de leurs impacts sociaux et environnementaux. Ces impacts sont radicalement différents d'une culture, d'un pays, d'un continent à un autre. L'éducation, l'histoire, la façon de percevoir l'entreprise et l'individu, font que vouloir imposer un même moule de management durable est un non-sens.

Vouloir appliquer des indicateurs financiers dans la mise en place ne veut pas dire vouloir uniformiser l'organisation et l'entreprise. Bien au contraire, il s'agit d'analyser, de comprendre et d'intégrer les différences culturelles et historiques, avant d'identifier les indicateurs idoines.

Non seulement ces indicateurs ne peuvent qu'être adaptés à l'histoire, à la culture, à l'idéologie du pays, de l'entreprise ou de l'organisation, mais en plus leur choix et leur interprétation vont dépendre au moins partiellement du rapport de forces et d'intérêts partiels des parties intéressées. Par conséquent, la négociation est l'aspect clé du management durable.

Les seuls éléments compréhensibles par toutes les parties intéressées dans cette négociation sont les chiffres. Et, lorsqu'il s'agit d'arriver à un compromis, il s'agit d'un chiffrage financier.

Introduire les quatre dimensions absentes
pour un management durable

Se référer à la définition pratique du management durable

Le concept de développement durable, depuis son premier énoncé dans le rapport BRUNDTLAND, puis dans sa transposition par le BUSINESS COUNCIL FOR SUSTAINABLE DEVELOPMENT quelques années plus tard par SCHMIDTHEINY (GROUPE ETERNIT) à l'intention des industriels, a fait couler beaucoup d'encre. Chacun y va de sa définition et y apporte ce qu'il veut y trouver.

Pour notre part, je définis la démarche du développement durable dans l'entreprise et les organisations de la façon suivante :

Chercher, appliquer et financer les solutions aux problèmes d'hier, de sorte que les solutions d'aujourd'hui ne deviennent pas des problèmes à résoudre demain[1].

Ce faisant, j'introduis les quatre dimensions absentes du débat sur le développement durable, dont on ne peut faire abstraction lorsqu'on veut bâtir un système de management durable :

- la dimension **temps**, avec ses trois composantes : passé, présent, futur ;
- la dimension **financière**, indicateur par excellence du pôle économique, mais aussi des pôles environnemental et social du développement durable ;
- la dimension **technologique** ;
- la dimension **idéologique**.

Gérer une entreprise ou une organisation, sans tenir compte du passif environnemental, social et économique, c'est nier le principe même du développement durable.

EXEMPLE   **MÉTALEUROP**

MÉTALEUROP a non seulement un passif de dettes et d'investissements insuffisants, mais également un passif social des risques de saturnisme et un passif environnemental de contamination des sols et de la nappe phréatique.

La récente décision de la justice d'exonérer l'actionnaire de cette société de toute responsabilité dans ce gâchis économique, social et environnemental, n'est nullement une preuve que le management durable soit une utopie. C'est une démonstration éclatante d'un cinquième chaînon manquant dans l'énoncé d'origine du développement durable : la législation. N'ayant aucune compétence dans ce domaine, je ne peux que poser le problème et inviter mes amis juristes à s'y intéresser.

---

1. Formule que j'ai développée avec mon ami Thierry Vincent, directeur du développement durable à la ville de Paris.

Les responsables d'entreprise, de l'administration, les hommes poli-tiques… peuvent se soustraire à leurs responsabilités et le fait est malheureusement avéré. Mais aujourd'hui, le cas de MÉTALEUROP tend à être exceptionnel. Heureusement, car le management durable est à l'exact opposé de ce type de comportement.

Il s'agit d'ancrer la responsabilité dans tous les domaines d'activité, dans le long terme pour tous les acteurs des entreprises et des orga-nisations : leurs activités seront assumées financièrement dans le long terme, que ce soit par exemple par des investissements dans l'indus-trie ou par la législation dans les administrations et les services.

Prendre en compte la dimension temps

Aucune transaction d'une certaine importance ne se fait aujourd'hui dans le monde industriel sans que soit pris en compte et **monétarisé** le passif environnemental et social comme le bilan économique. La base de cette prise en compte est celle des indicateurs financiers.

De même, gérer une entreprise ou une organisation sans tenir compte de l'impact présent et futur des décisions de gestion en termes économiques, sociaux et environnementaux va à l'encontre du principe même de management durable.

Cette prise en compte passe par une évaluation **financière**.

EXEMPLE   LE HAVRE 2000

Avant de voir le jour, le projet du port du Havre – LE HAVRE 2000 – a comporté de très nombreuses études d'impact à répétition et ce, pendant des années. Le temps, dans ce cas, a non seulement son importance quant au passé, mais également dans le futur.

LE HAVRE 2000 est un exemple d'école, où la dimension temps, direc-tement liée aux exigences des parties intéressées, prend toute sa valeur.

Avec une tradition centenaire de port de transit, Le Havre est le premier port sur le rail de la Manche et donc en théorie avantagé par rapport à ses grands concurrents Anvers et Rotterdam pour ce qui concerne la route du commerce maritime la plus importante du monde (jusqu'au moment où la Chine prendra le relais).

Le problème posé, dès 1980, était d'une simplicité biblique en termes technocratiques :
- soit, Le Havre se dote d'équipements capables d'accueillir des porte-conteneurs de 300 m de long minimum ;
- soit, le port disparaît et avec lui, le rôle de la France comme réseau de distribution vers le cœur de l'Europe industrielle en Allemagne du Sud, en Italie du Nord et sur l'ensemble du territoire national.

Ceci suppose un quai à l'extérieur du port existant, rétrécissant pour autant l'estuaire de la Seine.

Premier problème historique à résoudre : la gestion de l'estuaire de la Seine est de la juridiction du Port autonome de Rouen, en amont, et non pas du Port autonome du Havre.

En réduisant la largeur de l'estuaire, on risque sérieusement de remuer la vase ou pire, de devoir effectuer des dragages pour garantir la profondeur du chenal et permettre les passages de navires à tirant d'eau de minimum 3,5 m jusqu'au port de Rouen.

Seulement voilà, Le Havre a été aussi un grand site industriel et a hébergé pendant les Trente Glorieuses (1950-1980) de nombreuses entreprises pétrochimiques et chimiques, dont les effluents liquides et surtout solides, se sont incrustés dans le lit de l'embouchure de la Seine. En y ajoutant tout ce que la Seine charrie depuis les zones industrielles de Paris Nord (Gennevilliers, Saint-Denis) et Sud (RENAULT), on arrive à un bouillon chimique, dans lequel on retrouve tous les éléments du tableau de Mendeleïev et probablement quelques-uns de plus…

Et il est hors de question de draguer le chenal, plus étroit dans sa configuration future, avec des méthodes classiques de baquets. D'autant plus que l'estuaire de la Seine constitue, selon les ichtyologistes, la vasière pour au moins un quart des alevins qui peupleront la partie méridionale de la mer du Nord de poissons. On risque donc d'empoisonner la mer, au gré des tempêtes et des courants, entre Ouessant et Bayonne.

La technologie de dragage alternative existe : il s'agit de l'aspiration. Les deux sociétés spécialisées au monde en aspiration sont hollandaises. Leurs cadres ne comprennent pas très bien le français, mais suffisamment par contre le langage des chiffres.

Fort bien, mais maintenant qui paye ? Premier exemple de rattrapage de l'avenir par le passé, exprimé en termes financiers.

La négociation, évidemment, entre les différents protagonistes, a pris un certain temps. Une perte de temps, auraient dit les technocrates…

Deuxième problème : la communication

Une digue de trois kilomètres sur la rive nord de la Seine, c'est long et cela se voit ; y compris de la rive sud.

La rive sud, contrairement à sa collègue du nord, est exempte de toute implantation industrielle, avec un bocage bucolique où la seule industrie – fleurissante par ailleurs – est le tourisme et est alimentée accessoirement par les revenus des cadres qui reviennent du Havre le soir en passant par le pont de Normandie. Il est naturel et légitime que les riverains du sud s'inquiètent du mastodonte qui risque de s'ériger sur la rive nord ; vue imprenable oblige.

D'où la simulation des perspectives en vidéo, négociation de configuration, finalement négociation de compensation financière.

Troisième problème : la politique

Quelques partis politiques estiment qu'il est beaucoup plus astucieux d'avoir trois fois un quai de 1 km à l'intérieur des terres, qu'un seul quai de 3 km sur le versant nord de la Seine.

Un certain nombre de réunions publiques est mené pour expliquer que Le Havre est certes un port imposant, mais que les chances de convaincre à Singapour, New York, Sydney ou Shanghai, de faire réduire la taille des porte-conteneurs, pour avoir le droit d'accoster au Havre, sont nulles !

Quatrième problème : la politique halieutique

L'embouchure de la Seine constitue, d'après des scientifiques halieutiques, l'une des vasières d'alevins les plus importantes de la partie méridionale de la mer du Nord.

Comme il est évident que le changement de mouvements des marées, provoqué par la mise en place d'un quai d'amarrage des porte-conteneurs bouscule cet équilibre, il faut calculer et mettre en place une vasière artificielle, qui garantisse le renouvellement de la population des poissons dans la partie méridionale de la mer du Nord.

En dehors du fait que les scientifiques – français, anglais, belges, espagnols – ne s'entendent évidemment pas sur l'impact de la vasière de l'embouchure de la Seine – qui progresse de 2 km par an – il faut trouver le(s) spécialiste(s) capable(s) de comprendre les données halieutiques et la modélisation mathématique.

C'est en Indonésie que se trouve l'homme de la situation : Canadien, et de plus francophone, il est encore l'un des rares spécialistes des vasières artificielles.

Le problème technologique et de compétences ainsi réglé, reste le problème du financement : qui paye ?

Cinquième problème : la réserve ornithologique

L'embouchure de la Seine est l'une des aires importantes de passage des oiseaux migrateurs entre la Scandinavie et le Maroc. Le projet du HAVRE 2000 a forcément un impact écologique non négligeable sur la faune migratoire.

Une terre d'accueil, avec l'ensemble des aménagements du biotope, lié entre autres aux dispositifs de la vasière artificielle, a été projetée, dessinée, et avant tout budgétée et financée.

Sixième problème : les pêcheurs de crevettes du dimanche

Une association assez puissante d'amateurs de petite pêche sur la rive sud de la Seine s'est constituée depuis probablement le premier Empire. Pour tous les amateurs, la pêche au petit poisson et à la crevette, du côté de Cabourg est une tradition ancestrale, que le blocage de la rive droite peut mettre en cause.

Le résultat de longues négociations est l'ouverture d'un passage, pour les pêcheurs du dimanche, dans la digue d'amarrage des futurs cargos de super conteneurs.

Problème accessoire : qui paye ?

Septième problème : les cultivateurs, récolteurs d'osier

Depuis que les moines bénédictins ont assaini et colonisé les rives de Seine jusqu'à son embouchure, entre le XIIe et XVe siècle, les brins d'osier sont restés jusqu'aujourd'hui une matière première naturelle, à la base d'un ensemble très vaste d'artisanats : du vêtement à l'ustensile, à l'ameublement et jusqu'au matériau de construction.

Le Havre disposant d'une (petite) corporation de cueilleurs, cultivateurs et artisans d'osier, il faut bien évidemment leur trouver des terrains idoines pour replanter les osiers naturels de l'embouchure, occupée désormais par le port. Ce qui fut fait.

Qui a payé, à votre avis ?

Huitième problème : l'orchidée du Havre

Dans l'équipe pluridisciplinaire qui effectue une étude d'impact complexe, comme celle qui nous intéresse, se trouvent évidemment des spécialistes des sciences de la vie, dont les botanistes. Ils découvrent que la rive droite de la Seine abrite une orchidée extrêmement rare, qu'il s'agit de préserver. Elle est transplantée sous le pont de Normandie.

J'ignore qui a payé la note.

En conclusion

Avant même de penser à la conception technique, technologique, financière et stratégique de la mise en place d'un grand projet comme LE HAVRE 2000, il est indispensable de faire l'inventaire de l'ensemble des aspects économiques, sociaux et environnementaux du passé, du présent, du futur et d'en calculer les retombées financières, positives ou négatives. A défaut de ce travail – considérable – l'anticipation du management durable y compris avec ses aspects les plus folkloriques, la planification à long terme revient souvent, soit à des désastres financiers, soit à des vœux pieux technocratiques.

La négociation permanente d'une part, l'identification des coûts des résultats de ces négociations et enfin leur impact social sont indissociablement liées.

Inclure la dimension financière

Le passé, le présent et l'avenir, dans la gestion d'une entreprise et d'une organisation s'analysent en termes de bilans coûts/bénéfices.

Raisonner en termes financiers en monétarisant le domaine social et le domaine environnemental, évite de réduire le management durable à sa seule dimension économique. Ne pas raisonner ainsi peut coûter très cher.

Accepter la dimension technologique

Le principe de précaution qui régit la démarche du développement durable est un principe irréaliste et même dangereux :

- Irréaliste parce qu'il se préoccupe essentiellement de l'avenir, accessoirement du présent et quasiment pas du passé.
- Dangereux parce qu'il est générateur d'interdits anti-scientifiques que nous avons connus récemment.

Appréciation

*La démarche du développement durable s'est fourvoyée, à mon sens (en quoi je rejoins de très grands scientifiques comme GEORGES CHARPAK OU GILLES DE GENNES), dans **l'impasse du principe de précaution**.*

Certes, les progrès scientifiques, notamment dans le domaine des biotechnologies, du nucléaire, de la fusion, des OGM, de l'électronique, ouvrent des voies de recherche et développement dont on ne voit ni l'aboutissement, ni la croissance et les dangers potentiels. Mais il est parfaitement possible de mettre en place, dans chacun de ces domaines, des indicateurs de réversibilité.

Par exemple, en matière transgénique, si la recherche se trompe dans tel développement, la démarche est de se demander quel effort on doit faire pour revenir en arrière et à quel coût.

La solution passe ainsi par la création d'un indicateur financier de réversibilité.

Intégrer la dimension idéologique

Le développement durable influence de façon directe l'idée que les démocraties se font de ce que devrait être l'organisation de l'entreprise privée, de l'entreprise publique et de l'administration.

Donner un statut légal durable à l'entreprise privée

L'entreprise est-elle un bien comme un autre, soumis aux législations sur la propriété privée, comme c'est le cas actuellement ? Dans ce cas, la notion même de développement durable pour les entreprises est un non-sens, puisque le droit de propriété donne droit – comme dans tout autre propriété – à acheter, vendre, modeler, réduire ou augmenter de taille, voire détruire.

A quelques remarquables exceptions près :

- Un tableau de REMBRANDT, de VERMEER, de PICASSO ou de MAGRITTE peut être propriété privée, mais leur propriétaire n'a pas pour autant le loisir de le vendre, le détruire ou l'altérer à son gré.
- Une forêt en France, une tombe étrusque dans le Latium romain, la cave Neanderthal en Allemagne peuvent être propriété privée, mais leur propriétaire n'a pas le loisir d'en disposer, de la vendre ou de la détruire comme bon lui semble.
- Une charge de notaire peut être vendue, mais seulement à un notaire diplômé.

> Un cabinet médical peut changer de mains, mais entre les mains de médecin.

Pourquoi l'entreprise privée doit-elle rester un bien juridiquement comparable à l'achat d'un kilo de sucre ?

En France, comme en Europe ou aux États-Unis, les sites des entreprises **mortes** sont protégés par la législation sur les sites culturels et subventionnés comme musées, mais les entreprises **vivantes** sont soumises à la législation sur la propriété, qui peuvent être régies en tant que propriété privée : c'est absurde !

L'entreprise est un ensemble de moyens, de travail, de finances et d'intelligence qui est fondé sur un projet collectif. Celui-ci n'a pas de consistance juridique, autre que le droit de propriété. Le droit du travail, les lois sur l'environnement ne sont que des inhibiteurs, nullement des textes d'instigation.

> *Appréciation*
> *A mon sens, il existe un vide juridique à combler d'urgence si on veut donner une signification à la notion de développement durable. L'entreprise privée, industrielle, commerciale ou de services, n'a aucun statut légal d'entité durable.* ***Il est grand temps de réfléchir au statut légal durable de l'entreprise privée.***

Préciser le statut de l'entreprise publique

Les entreprises publiques, sont-elles :

- des entreprises comme les autres, c'est-à-dire des biens propriété de l'État ?
- des fournisseurs de services et de biens, essentiels à la vie des citoyens ?

Dans la première alternative, elles sont soumises aux mêmes ambiguïtés légales que les entreprises appartenant à des propriétaires privés.

Dans la deuxième alternative, le management durable prend tout son sens :

> les indicateurs économiques, exprimés en termes financiers, permettent de suivre et de prévoir la longévité des services et biens produits ;

- les indicateurs sociaux, exprimés en termes financiers, permettent de suivre et de prévoir la solidité sociale des services et des biens produits ;
- les indicateurs environnementaux, exprimés en termes financiers, permettent de suivre et de prévoir l'impact à court, moyen et long terme, des services et biens produits sur l'environnement.

Préciser le rôle de l'administration

Le développement durable est sans aucun doute la philosophie qui anime l'administration. L'administration, depuis l'époque de MING en Chine, a eu deux objectifs, sinon deux raisons d'être : développer, durer.

Le premier, dynamique, développe les projets ; le deuxième, statique, les concrétise et les fige, voire les détruit.

Un petit retour dans l'histoire

Il n'y a qu'à regarder la carte de la France, pour comprendre à quel point l'idéologie d'une économie, d'une vie sociale et d'un environnement, éminemment centralisé de FRANÇOIS Ier à LOUIS XIV a façonné jusqu'à nos jours la vie quotidienne des routes, des moyens de communication, développés ensuite de façon durable par l'administration des Ponts et chaussées.

En conclusion

Le management durable, appliqué à la micro-économie, doit être adapté aux réalités du terrain, c'est-à-dire à l'existence des trois acteurs majeurs, que sont les entreprises privées, les entreprises publiques et l'administration.

Le seul langage commun à ces trois entités économiques et pour chacune d'elles, est celui des chiffres et, en dernière analyse, des finances.

Les indicateurs du management durable non seulement assurent la transversalité dans les trois domaines que sont l'économique, le social et l'environnement, mais en plus sont applicables aux organisations des entreprises privées, des entreprises publiques et des administrations.

Calculer les impacts induits
du management durable

Toutes les entreprises et organisations, même de taille modeste, ont des impacts sociaux, environnementaux et financiers qui dépassent de loin leur responsabilité directe de management. C'est d'autant plus le cas lorsqu'il s'agit d'entreprises du type EDF, SNCF, PTT, les sociétés de construction et d'exploitation d'autoroutes : les impacts des décisions de management vont bien au-delà du seul périmètre de responsabilité des dirigeants.

Dans la mesure du possible, les indicateurs financiers ne doivent pas s'arrêter au seul périmètre de l'organisation. Il faut essayer d'en calculer, ou au moins évaluer, les **impacts induits**.

EXEMPLE   **L'ENTREPRISE**
DANS LE LAND DE BRANDEBOURG

L'ÉTABLISSEMENT M compte en 2001, 270 employés, 10 cadres et 80 sous-traitants en permanence sur le site (maintenance, transports et logistique), et 5 cadres supérieurs dans le land de Brandebourg (ex RDA). Il s'est spécialisé, depuis la chute du mur de Berlin dans la fabrication et la vente en grande distribution (Allemagne) d'ameublement personnalisé de cuisines et de salles de bains.

A l'origine, l'établissement était un atelier de fabrication de meubles standards qui comptait 580 ouvriers et techniciens, 36 cadres supérieurs et moyens, et 80 employés administratifs.

Les bouleversements politiques dus à la chute du mur inévitablement malmènent l'établissement. Une économiste, formée en Allemagne de l'Ouest, est missionnée au chevet de l'entreprise. C'est l'organisme TREUHAND, chargé de faciliter le passage à l'économie de marché des anciens conglomérats communistes qui le lui a fourni. Elle a pour tâches de remettre la société en marche, trouver de nouveaux marchés, former l'encadrement et le personnel, et faire de l'ensemble de la société une entité économiquement et socialement viable.

Pour ce faire, il lui faut dresser les comptes de résultats du passé, calculer les pertes du présent, et bâtir un plan de redressement qui porte sur la réduction des effectifs, l'augmentation des investissements et la fourniture d'un effort de formation.

Indirectement, l'aspect environnemental est pris en considération, étant donné que les investissements et la formation tiennent compte des obligations réglementaires en vigueur en RFA, mais il n'y a pas de séparation économique / sociale / environnementale dans les comptes.

Ceux-ci se présentent comme suit :

Comptes de résultats 1990 (reconstitués et calculés en euros)[1]

	1990
Produits d'exploitation Chiffre d'affaires Variation de la production stockée	 9 560 000 1 220 000
Total produits d'exploitation	**10 780 000**
Charges d'exploitation Consommation de l'exercice (matières premières et fournitures) Charges de personnel Autres charges Dotations amortissement et provisions	 2 910 000 10 830 000 330 000 400 000
Total charges d'exploitation	**14 470 000**
RÉSULTAT D'EXPLOITATION	**(3 690 000)**
Charges financières	540 000
RÉSULTAT NET AVANT IMPOTS	**(4 230 000)**
Impôts sur les résultats	–
RÉSULTAT NET DE L'EXERCICE	**(4 230 000)**

Plan de redressement 1992-1995

DOTATION EN CAPITAL	7 500 000
Licenciements Investissements	4 770 000 11 000 000
TOTAL COUT INITIAL DE REDRESSEMENT	**23 270 000**

Détail des investissements

INVESTISSEMENTS	Montant en euros
Reconstruction chaînes de production/bâtiments Investissements hygiène, sécurité, environnement Organisation, formation et certification QHSE (ISO 9001 / ISO 14001 / OHSAS 18001)	5 500 000 4 000 000 1 500 000
TOTAL INVESTISSEMENTS	**11 000 000**

---

1. Le système de calcul comptable RFA n'existait pas en RDA.

AMORTISSEMENTS : 10 ans, soit 1 100 000 euros/an[1]

Comptes de résultats 2002 (en euros)

	2002
Produits d'exploitation	
Chiffre d'affaires	14 690 000
Variation de la production stockée	1 720 000
Total produits d'exploitation	**16 410 000**
Charges d'exploitation	
Consommation de l'exercice (matières premières et fournitures)	4 430 000
Charges de personnel	8 280 000
Autres charges	340 000
Dotations amortissement et provisions	1 100 000
Total charges d'exploitation	**14 150 000**
RÉSULTAT D'EXPLOITATION	**2 260 000**
Charges financières	450 000
RÉSULTAT NET AVANT IMPOTS	**1 810 000**
Impôts sur les résultats	600 000
RÉSULTAT NET DE L'EXERCICE	**1 210 000**

Dans les investissements décidés en 1992, il faut noter :

- la rénovation totale des postes d'alimentation électrique (exclusion des transformateurs au PCB) ;
- l'exclusion des laques et peintures à base de solvants toxiques ;
- le passage de l'utilisation de matières à base chimique à des agglomérés de bois naturel ;
- la mise en place de filtres d'extraction des poussières avec récupération et recyclage ;
- la mise en place d'un système de refroidissement à cycle d'eau fermé pour les machines de découpage et de broyage du bois.

Les résultas induits de l'exercice 2002 (en euros)

DÉPENSES		RECETTES	
Social		**Social**	
Chômage licenciés	2 300 000/an	Impôts et charges sociales actifs	3 180 000/an
Environnement		Diminutions risques maladies (estimation)	220 000/an
		Valorisation terrain et bâtiments	800 000/an
Total	**2 300 000/an**		**4 200 000 €/an**

---

1. Disposition particulière pour favoriser des entreprises des nouveaux Länder.

Résultat : 1 900 000/an

Pour **la collectivité**, peu importe qui dépense ou reçoit, ce conflit d'intérêt étant du ressort de la négociation entre toutes les parties concernées. Le plan de redressement mis en place en 1992 a par conséquent généré en 2002 :

Résultat de l'exercice : 1 210 000 €
Résultats induits   : 1 900 000 €
Total   : 3 110 000 €

En conclusion

* *Il est incontestable que sans une injection massive de capitaux au départ, il aurait été impossible de redresser l'entreprise M.*

* *Il est tout aussi clair que sans un plan de licenciement de plus d'un tiers du personnel et de plus de 50 % des cadres, il aurait été impossible de redresser l'établissement et d'en faire un modèle de management durable en ex-RDA.*

* *Néanmoins, voué à une mort économique certaine il y a encore dix ans, avec des résultats exécrables en matière d'hygiène et sécurité (toxicité et poussières aux postes de travail), et d'environnement (rejets de BTEX : benzènes, toluènes, éthylènes, xylènes), sans aucun traitement ou équipement de filtrage, l'établissement est un exemple modèle en matière de management durable.*

Chapitre 2

La structure
du management durable

On peut établir un tableau synoptique du management durable, qui prétend gérer le passé, le présent et le futur.

Ce tableau, tout en n'étant pas complet, devant la complexité du problème, nous permet de situer les différentes actions – et acteurs – du développement durable dans le cadre d'une entreprise ou d'une organisation.

Il s'agit de situer les activités des entreprises et des organisations, qui ne figurent pas dans la conception traditionnelle du management, dans un cycle passé-présent-futur que l'on a du mal à comprendre, lorsque ce n'est que le court terme qui domine.

Différencier le management durable de la gestion classique

On l'a compris, le management durable de l'entreprise et de l'organisation est transversal par le lien qu'il tisse entre les aspects sociaux, environnementaux et économiques, et concerne le passé, le présent et le futur. Il va bien au-delà d'un management classique et doit de ce fait répondre à plusieurs exigences qui dépassent le périmètre de la gestion classique.

Schématiquement, on peut représenter la différence de conception entre la gestion classique et le management durable de la façon suivante :

	Gestion classique	Management durable
Contenu politique	Financier	Moral
Objectifs et cibles	Présent	Passé / Présent / Futur
Périmètre de responsabilité	Organisation	Interaction organisation / monde extérieur
Périmètre des compétences	Spécialisé	Transversal
Dimension temps	Court terme	Long terme
Indicateurs	Econométriques	Economiques / Sociaux / Environnementaux
Unités de mesures	Financières	Monétaires

Mieux qu'un long discours, un exemple nous aidera à mieux comprendre la différence fondamentale qui existe entre la gestion classique et le management durable.

EXEMPLE   LES POTASSES D'ALSACE

La salinité des nappes phréatiques de l'Alsace, atteignant à certains endroits 35 grammes/litre – c'est-à-dire celle de l'eau de mer – n'est pas due à la gestion des dirigeants actuels des Potasses d'Alsace. Elle est due à l'insouciance et à l'inconscience de sept générations (1810 – 1960) de responsables et d'ingénieurs qui ont laissé accumuler des montagnes de déchets salins au bord du Rhin.

Les ingénieurs et techniciens contemporains, héritiers d'un problème dont ils/elles ne sont nullement responsables, n'ont trouvé comme seule solution techniquement faisable et économiquement justifiable, que de diluer graduellement ces montagnes de sel en les rejetant dans le Rhin.

Seulement voilà, leurs homologues hollandais ont un autre problème, qui est l'invasion de leurs nappes phréatiques par l'eau de mer.

Cette invasion est due aux prélèvements excessifs des eaux des nappes phréatiques pour les besoins d'une agriculture extensive et d'une urbanisation sans égale dans l'ensemble de l'Union européenne des 25. Les Pays-Bas sont un pays situé au-dessous du niveau de la mer pour une bonne partie de sa surface. Le principe des vases communicants entre la mer et les nappes phréatiques fait que celles-ci ne sont plus aptes à la consommation.

La seule source d'eau douce est par conséquent le Rhin, qui après avoir trouvé sa source en Suisse, traversé l'Allemagne et la France, vient se déverser en mer du Nord, dans un estuaire qui irrigue la moitié de la surface de la Hollande.

Mais le Rhin, en dehors des DBO (demande biologique d'oxygène) et des DCO (demande chimique d'oxygène), sans parler des MES (matières en suspension) charrie désormais un taux de sel de phosphates largement supérieur aux normes sanitaires internationales. Et ce, à cause des phosphates d'Alsace.

Les ingénieurs et techniciens hollandais n'ont d'autre solution que de traiter l'eau du Rhin avant de la distribuer dans les réseaux d'Amsterdam et de Rotterdam. Du point de vue technique, social et environnemental, cela ne pose aucun problème.

Mais qui paye ?

Tous les États riverains sont à l'origine, sans contestation possible, de la pollution du Rhin. L'augmentation de la salinité de l'eau du Rhin est due aux POTASSES D'ALSACE.

Si les Hollandais ont un besoin vital de puiser leurs ressources dans le Rhin, c'est parce qu'ils ont épuisé, voire détruit leur patrimoine naturel d'eaux souterraines.

LES POTASSES D'ALSACE, seraient-elles les premiers pollueurs payeurs du continent européen ? C'est peu probable. Si c'était le cas, la jurisprudence s'étendrait aux bassins du Danube, de la Volga, du Don, entre autres.

> La France et l'Italie sont les seuls pays en Europe qui maîtrisent leurs fleuves sur le sol national (à l'exception du Rhin pour la France). D'où la création des agences de bassin, dont le Brésil, l'Inde et la Chine nous ont copié le fonctionnement.
>
> Si l'on se demande parfois si la pérennité du système français est encore garantie, au moins, le système de contrôle de la qualité de l'eau et la possibilité légale de réagir en cas d'alerte, subsiste.

Cet exemple montre que la responsabilité de l'environnement s'étend non seulement dans le temps, mais également dans l'espace et touche les domaines politique, national et international.

C'est pourquoi, la complexité du développement durable devient très vite incontrôlable, au point de décourager le gestionnaire, privé ou public et de l'inciter, à tort, à revenir à la lecture simpliste, mais maîtrisable, d'un contrôle de gestion fondé sur le budget et les résultats financiers, réduit au périmètre de sa responsabilité immédiate.

Pour battre en brèche cette régression, malheureusement très courante en période de difficultés économiques, sociales ou politiques, il faut absolument intégrer les trois domaines pré cités du management durable et se garder à la fois, du simplisme économétrique, et de la complexité ingérable d'une multiplicité et d'une disparité d'indicateurs.

Une voie médiane s'offre au gestionnaire entre le simplisme réducteur et la complexité difficilement maîtrisable, que je nomme la **responsabilité globalisée**.

Prendre la voie médiane de la responsabilité globalisée

Pour les entreprises et les organisations, le management durable suppose une responsabilité globalisée, que l'on peut visualiser dans un tableau synoptique, dont le principe est de présenter le management durable dans ses dimensions du passé, du présent et de l'avenir.

Il s'agit de situer les activités des entreprises et des organisations, qui ne figurent pas dans la conception traditionnelle du management, dans un cycle passé-présent-futur que l'on a du mal à comprendre, lorsque ce n'est que le court terme qui domine.

Les différentes étapes et les principales techniques et méthodes de gestion y trouvent une logique séquentielle, qui s'inspire de la désormais classique roue de Deming[1] :

- Plan (planifier),
- Do (réaliser),
- Check (vérifier),
- Act (corriger).

L'irruption de la politique locale, nationale et internationale dans chaque étape de la responsabilité globalisée et l'indispensable négociation entre les intérêts opposés ne doit néanmoins jamais être masquée par cette présentation rationaliste du développement durable.

Les revers sont non seulement possibles, mais doivent être imaginés, prévus et planifiés, sans pour autant casser le ressort de l'élan vers le succès. Mais avant tout, les différentes étapes, y compris les possibles revers, doivent être calculées en termes de coûts/bénéfices, comme nous le démontrerons dans les chapitres suivants.

En termes de **gestion**, le management durable se traduit en un nombre assez limité d'analyses, de synthèses et d'actions, qui concernent le passé, le présent et le futur de l'entreprise.

Gérer le passé

Due diligence

L'évaluation permanente du passif environnemental, social et économique, mais aussi les progrès réalisés, doivent faire l'objet d'un bilan coûts/bénéfices, exprimé en termes d'efforts à consentir, à la fois technique, social et financier.

---

1. Dont je conteste par ailleurs la méthode Coué du progrès continu, sachant que des sets-backs – et par conséquent des plans de retrait – sont inévitables dans toute organisation.

Tableau synoptique

Le management durable des entreprises et des organisations

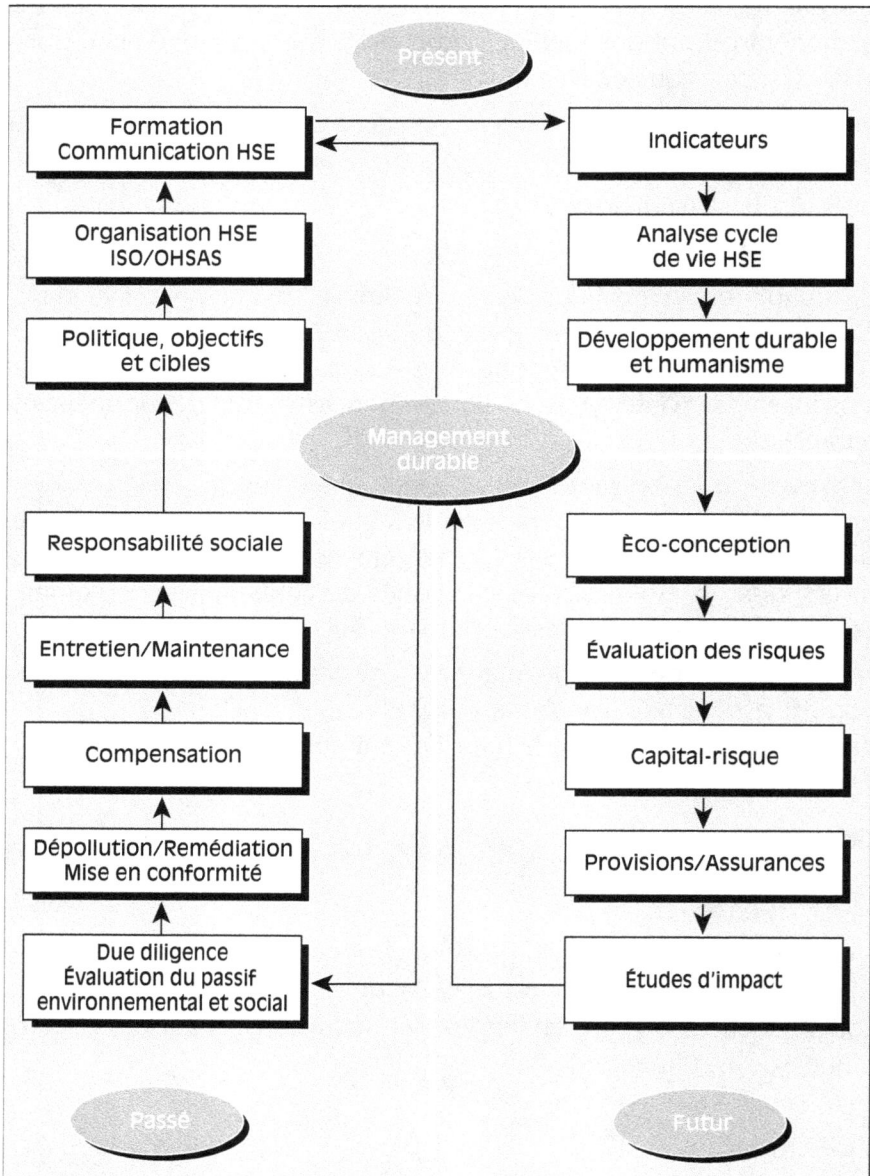

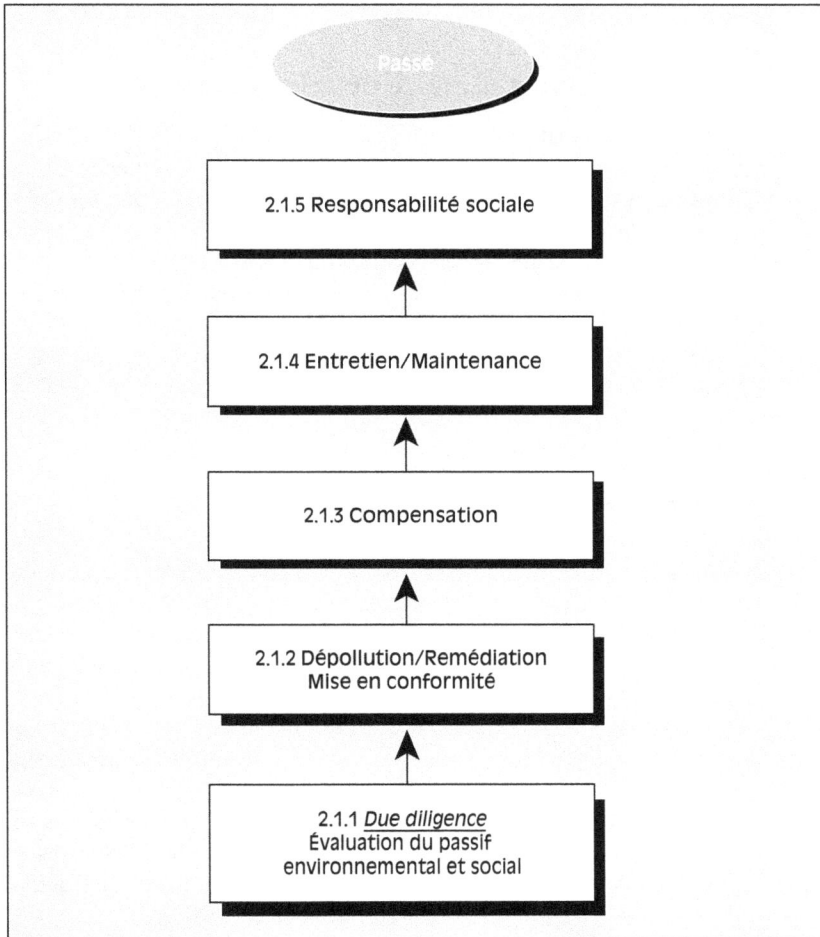

Aucune négociation de transfert de propriété industrielle ne se fait actuellement, y compris dans les pays de l'ancien bloc communiste, en Asie ou en Amérique Latine, sans qu'aux analyses économique et financière ne s'ajoutent des analyses du passif environnemental et social.

EXEMPLE : ÉTUDE DE CAS D'INDICATEURS FINANCIERS D'UNE ÉTUDE « DUE DILIGENCE »

Rachat d'une usine de peintures industrielles

Description de l'usine

Entreprise familiale d'origine, établie sur 15 hectares en milieu rural, seul établissement industriel d'une certaine taille (125 employés, 18 millions d'euros de chiffre d'affaires en 2002, 0,4 million d'euros de bénéfices), l'usine est mise en vente par les héritiers du grand-père fondateur.

Les acheteurs potentiels, avant de se décider, demandent une étude des risques potentiels, liés à l'activité.

Le rapport financier qui résulte de l'étude se répartit en trois volets :
– Risques liés au passé ;
– Risques liés au présent ;
– Risques liés au futur.

– Risques liés au passé

Risques environnementaux

La production utilise du noir de carbone en quantité importante, de même que des pâtes à base de plomb et de cadmium.

Les magasins de stockage de matières premières sont mitoyens de la rivière qui alimente le village en eau potable (2 800 équivalent habitants), la nappe phréatique se trouve à 3,5 m.

Le nettoyage des cuves ayant été effectué, depuis 30 ans, à sol nu, des carottages ont démontré des concentrations non conformes sur une surface d'environ 2 000 m^2, à une profondeur de 1,5 m.

La mise en décharge classe I, le transport des terres ou gravats pollués sont estimés à 300 €/tonne, soit 1 250 000 € pour la dépollution des terres.

Ce coût est à déduire de la valeur des terrains, des bâtiments, de l'outil de production, et du portefeuille client, estimé à 2 500 000 €.

La valeur de l'usine se retrouve, de par son passif environnemental, réduit à 1 250 000 €.

Risques sociaux

Le maniement du noir de carbone, des pâtes à base de plomb et de cadmium, sans EPI (équipements de protection individuelle) a été probablement la règle, à en juger par l'audit sur place. Par conséquent, le risque de maladie professionnelle différée est réel. Il peut statistiquement être estimé à 3 % de la population en contact permanent avec les substances cancérigènes, notamment concernant les affectations pulmonaires.

A effectif légèrement inférieur sur la moyenne de trente dernières années (100 salariés), mais à turn-over très faible, le risque de maladie professionnelle différée est pour les ateliers de production et les magasins de stockage, de 3 % sur 60 salariés en moyenne, soit 2 cas possibles.

La jurisprudence des cinq dernières années de cas similaires dans la profession, indique que les dommages et intérêts obtenus par les victimes se situent entre 50 000 et 150 000 €, soit 100 000 € en moyenne.

La valeur de l'usine se retrouve, de par son passif social, réduite à 1 150 000 €.

– Risques liés au présent
Risques environnementaux

L'aire de lavage de cuves et les abords de la rivière doivent réglementairement être pourvus d'une dalle en béton, faisant également cuve de rétention, en cas d'incident avec les fûts de peinture.

Coût estimé : 50 000 €.

La valeur de l'usine se retrouve de par sa mise en conformité, réduite à 1 100 000 €.

Risques sociaux

Le respect absolu du port des EPI, dès le rachat, est considéré comme un aspect de bonne gestion des nouveaux propriétaires et ne peut, par conséquent, être tenu comme un risque lié à la reprise.

Le risque de mouvements sociaux liés à la reprise et des réductions éventuelles des effectifs est considéré comme un risque du repreneur et ne peut pas être tenu comme un risque lié à l'achat.

– Risques liés au futur
Risque environnemental et social

Vu les dispositions déjà prises en Scandinavie et dans certains Länder de l'Allemagne, il est plus que probable que l'utilisation du plomb dans les peintures soit interdite dans l'Union européenne d'ici 2007-2010. Ceci impliquerait le remplacement des broyeurs malaxeurs actuels (achetés récemment en 2000), à un coût de 150 000 €.

Ce coût ne diminue pas la valeur de l'usine, mais il faut que l'acheteur en soit averti.

Résumé de l'étude « Due Diligence » (en milliers d'euros)

	Passé	Présent	Futur	Total
Valeur d'origine	2 500	–	–	2 500
Passif environnemental	1 250	50	150	1 450
Passif social	100	–	–	100
Total	1 150	50	150	950

En conclusion

*La dépréciation de la valeur d'une entreprise à **un tiers** de sa valeur estimée selon les pratiques comptables classiques, pour cause de passif environnemental et social, n'est plus une exception, mais la règle.*

La valeur d'un patrimoine industriel n'est plus que rarement acceptée sur la foi de comptes de résultats et de bilans dûment audités par des experts comptables, mais elle fait l'objet d'une analyse fine des risques environnementaux et sociaux, liés au passé, au présent et au futur.

Dépollution/Remédiation

Pour **l'environnement**, il s'agit de connaître :

- La pollution des sols, les technologies de dépollution les plus appropriées, leurs coûts et leurs délais ;
- Les performances des installations en termes d'émissions gazeuses et diffuses, de rejets d'eaux polluées, de consommations d'énergie, d'eau et de matières premières, ainsi que les investissements techniques et financiers nécessaires pour mettre en conformité ces installations au niveau des normes européennes et internationales;
- L'impact d'une remise en conformité des installations sur l'environnement ;
- Les risques pour la vie et la santé induits par les modes opératoires et les investissements techniques et financiers nécessaires pour les modifier pour éliminer ou diminuer ces risques ;
- Le niveau intellectuel et opérationnel des cadres et de la main-d'œuvre et les efforts nécessaires à consentir en termes de formation, de motivation, de communication, d'évaluation des rémunérations et des carrières ;
- Le plan d'actions et de coûts/bénéfices prévisionnels.

Pour le **social**, il s'agit de connaître :

- les risques en matière d'hygiène et de sécurité ;
- les besoins d'éducation et de soins ;
- les possibilités et les compétences locales d'éducation et de soins ;

- la configuration familiale des employés et leur mode de vie ;
- la configuration sociologique des employés ;
- le plan d'action sociale à envisager.

EXEMPLE **MISE SUR LE MARCHÉ, PAR LOTS, DU PARC INDUSTRIEL DE E À V… (midi de la France)**

Le parc n'ayant pas fait l'objet d'un Plan local d'urbanisme lors de sa création dans les années 1970, il manque tout :
- les infrastructures de circulation et de sécurité/sûreté ;
- les infrastructures sociales de transport, de services, de police, de télécommunications, etc.
- les infrastructures d'évacuation des eaux usées ;
- les plans d'organisation contre les inondations potentielles, etc.

Socialement, les terrains n'ont par conséquent aucun intérêt pour un aménageur ou une entreprise cherchant à s'y installer.

Les coûts de la remédiation étant plus que probablement le double de la valeur immobilière des terrains, il est inévitable d'assister à la désertification d'une friche industrielle.

Il s'agit d'un site d'activité créé, il y a seulement une génération.

Ce n'est pas exactement un exemple de développement, ni de management durable, mais il peut servir de contre-exemple pour les élus, désireux de développer « leur » parc d'activités, sans avoir le réflexe d'en calculer le coût social et environnemental.

Compensation

On peut remédier à une pollution des sols, à une pollution historique des eaux ou à l'existence d'une décharge, mais on ne peut pas remédier à l'impact d'une mine à ciel ouvert ou d'une carrière de ciment.

Calculer dès la mise en service d'une telle exploitation, le coût des mesures compensatoires (établissement d'une aire de loisirs autour d'un lac, remodelage paysager, etc.) fait partie intégrante désormais des contraintes réglementaires.

Mais beaucoup reste à faire en matière de compensation pour des paysages restés en friche après l'exploitation. Le coût en incombe, au moins jusqu'à récemment, à la collectivité.

L'exception

Les grands ouvrages hydrauliques en France (barrages, canaux) ont fait dans ce sens une exception heureuse. Et on trouve dans les comptes prévisionnels de grands opérateurs des provisions pour travaux de compensation, dès la fin de la Deuxième Guerre mondiale.

Entretien et maintenance

La France en particulier, et les pays de l'Union européenne en général, ont hérité d'un patrimoine culturel et artistique unique au monde, qu'il s'agit d'enrichir, d'entretenir et de transmettre aux générations futures. Dans ce domaine, plus encore que dans le monde de l'entreprise, la notion de management durable prend son sens plein.

Pour entretenir et maintenir ce patrimoine, les indicateurs financiers doivent de toute évidence dépasser de loin les périmètres respectifs de la responsabilité de gestionnaire d'un conservateur de musée, d'un directeur de théâtre ou d'opéra, d'un responsable de monuments historiques ou d'un organisateur de festival. La notion d'indicateurs financiers des impacts induits prend ici une acuité particulière.

Quelle que soit l'affluence de visiteurs, au Louvre à Paris, aux Offices à Florence, au Metropolitan à New York, à l'Ermitage à Saint-Pétersbourg, à aucun moment les recettes des entrées ne peuvent dépasser 10 % des dépenses en entretien, maintenance et fonctionnement.

Le management durable du patrimoine du passé de l'Europe implique un poste entretien/maintenance et fonctionnement extrêmement important, largement équilibré pour les impacts induits environnementaux, sociaux et économiques.

Il faut apprendre à calculer ces impacts en termes financiers[1].

Responsabilité sociale

Deux facteurs principaux concernent la responsabilité sociale de l'entreprise et de l'organisation au passé :

---

1. Un précurseur comme Lieven Struye, directeur de l'Opéra Flamand (Anvers et Gand) démontre, indicateurs financiers à l'appui, que les bénéfices induits d'une activité artistique de ce type représentent 110 % des dépenses.

- les conséquences et le suivi d'hygiène et de sécurité des employés exposés à des produits et techniques dangereuses pour la santé à long terme ;
- les conséquences et le suivi économique des mesures de contraction, licenciement de personnel, dues à des mesures de redressement d'entreprise.

Dans ces deux cas, la charge financière n'incombe pas – au moins pas encore en Europe – à l'entreprise mais à la collectivité.

L'internalisation croissante de ce type de charges d'une part, et la pression des médias pour faire accepter ces responsabilités – y compris financières – aux entreprises et organisations d'autre part, aboutissent à un système d'indicateurs qui intègre le coût du passé de la santé et de la responsabilité sociale dans les comptes de l'entreprise.

Gérer le présent

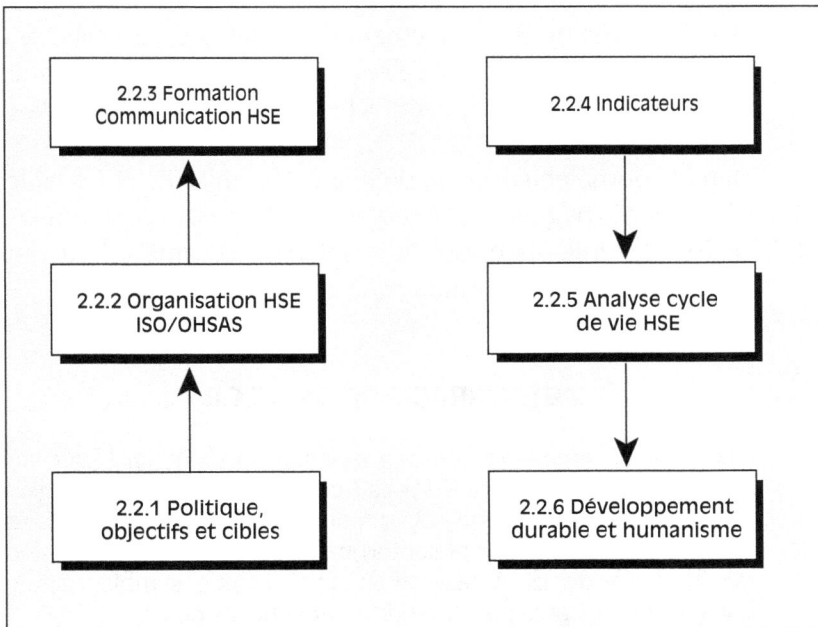

Politique, objectifs et cibles

Gérer le présent, c'est avoir une politique, des objectifs et des cibles quantifiés dans le cadre de référentiels qui souvent ont une base réglementaire, dans les domaines environnemental, social, économique. De ce fait, les indicateurs sont bien établis, toujours exprimés en termes financiers.

Aujourd'hui, le domaine environnemental n'est pas ou mal intégré dans cette gestion du présent, et pourtant il est possible de réaliser un calcul coûts/bénéfices des investissements environnementaux par rapport aux bénéfices qu'ils rapportent ou aux risques qu'ils éliminent.

Sortons de la logique de défense de l'environnement, au coût aussi minime que possible, parce que considéré comme pièce rapportée au raisonnement économique et social. La seule façon de mettre l'environnement à pied d'égalité dans la politique, les objectifs et les cibles, avec les domaines économique et social, c'est de le fonder sur des indicateurs financiers, basés sur les principes de remédiation et de réversibilité.

- Dans le domaine environnemental, la politique, les objectifs et les cibles, concernent soit l'élimination, soit la diminution des impacts ou des risques d'impact sur les différents aspects de l'environnement.
- Dans le domaine social, la politique, les objectifs et les cibles, concernent l'hygiène et la sécurité (HSE), mais aussi la négociation des intérêts opposés à l'intérieur comme à l'extérieur de l'organisation, la formation, la communication, etc.

EXEMPLE   **PETROBRAS-EDF-ARCELOR**

PETROBRAS en Amazonie, a des objectifs qui portent sur l'éducation des enfants, la formation de ses cadres et de ses employés, l'hygiène et la sécurité, la recherche et le développement pour la sauvegarde de la forêt. Non pas par philanthropie, mais parce que la survie de ses implantations en Amazonie en dépend. Cet ensemble d'actions est suivi de très près par des indicateurs financiers.

EDF, a des objectifs qui portent sur l'enfouissement des lignes à moyenne tension (impact sur le paysage, mais aussi sur les oiseaux), mais aussi sur la recherche et le développement concernant

l'enfouissement des lignes à haute tension, techniquement difficilement réalisable aujourd'hui.

Ces objectifs ont un coût ciblé facilement calculable, mais engendrent aussi des bénéfices : diminution du coût de maintenance, de
déperdition de puissance en ligne, de destructions dues à des
intempéries, etc.

ARCELOR a comme objectif de capter au maximum l'énergie calorifique des hauts-fourneaux – sous forme de chaleur et de gaz – par
la cogénération d'électricité. Ciblé sur un site bien précis, cet objectif
peut sans problème donner lieu à un calcul coûts/bénéfices de
l'amortissement des investissements, du fonctionnement et des
revenus dus à la production d'électricité.

Organisation

Le management durable a trouvé ses bases d'organisation dans deux
types de référentiels au niveau international :

- Les exigences légales, en ce qui concerne les normes d'hygiène,
  de sécurité et de protection sociale existantes, mais très différentes d'un État à l'autre à travers la planète et de plus, très différemment appliquées.
- Les normes internationales de l'International standard organisation (ISO), qui concernent aussi bien la qualité (ISO 9001-2000)
  que l'environnement (ISO 14001)[1], et auxquelles s'ajoute la norme
  britannique OHSAS 18001 qui porte sur l'hygiène et la sécurité.

Ces normes, éditées et contrôlées par un organisme privé représenté
dans 134 pays par des auditeurs agréés dans les différents pays, ne
sont pas reconnues par les gouvernements, mais deviennent un
passeport indispensable pour le commerce national et international.

Il est par ailleurs probable que ces différentes normes seront centrali-
sées dans une seule norme QHSE (Qualité, Hygiène, Sécurité, Environnement) dont l'ISO 16949-2002 est le précurseur.

---

1. Une norme européenne (EMAS) n'est reconnue qu'en Europe et tend à disparaître.
La toute nouvelle norme 21000 est trop récente pour servir déjà de base d'indicateurs.

Il n'y a pas de système élargissant aux autres aspects du domaine social (salaires, relations de travail, répartition du pouvoir, etc.), les référentiels internationaux.

Bien qu'utiles, voire indispensables, ces outils de gestion pêchent par leur manque de cohérence au niveau international dans les domaines économique, social et environnemental et par le manque d'intégration entre eux. Les seuls indicateurs communs qui puissent surmonter les barrières sont les indicateurs financiers.

Ce qui est significatif – comme d'ailleurs pour la norme ISO 9001-2000[1], leur ancêtre – c'est que la dimension financière coûts/bénéfices du management environnemental, de l'hygiène et de la sécurité, n'est même pas mentionné ; là où tous les autres aspects du management, que ce soit dans les entreprises ou dans les administrations, font l'objet d'un budget avec des postes dépenses et recettes dûment calculés et suivis. Comme si le management de l'environnement, de l'hygiène et de la sécurité était quelque chose d'éthéré loin des préoccupations terre-à-terre du management tout court. Il n'est pas étonnant, dans ces circonstances, qu'au moindre à-coup de conjoncture, l'organisation du management environnemental et social soit réduit à sa simple expression : la loi, toute la loi, rien que la loi.

En effet, les dirigeants en connaissent les coûts, mais ne se sont jamais donnés la peine d'en calculer les bénéfices.

En conclusion

Que le management social, environnemental et économique soit organisé de plus en plus sur des bases internationalement reconnues et légalement imposées, est une avancée considérable dans l'organisation du management durable. Encore faut-il prendre l'habitude et avoir le courage d'établir dans les trois domaines du management durable, le chiffrage des tableaux coûts/bénéfices à court, moyen et long terme.

Ceci sans oublier que les retombées, y compris financières, des décisions économiques ne se mesurent jamais seulement dans le pré carré de sa propre petite responsabilité, ici et maintenant, mais qu'elles comportent des impacts induits importants.

---

1. ISO 9001-2000 : International standards organisation, norme internationale du management de la qualité.

Formation et communication

Il s'agit du poste le plus essentiel et le plus difficile du management durable.

Le défi est celui de la synthèse, dans les programmes de sensibilisation et de formation, entre les messages et les apprentissages suivants :

- La relation entre les politiques et les objectifs planétaires, tels que Agenda 21, Kyoto, Johannesburg, d'une part, la gestion au jour le jour des entreprises et des administrations d'autre part.
- La relation interne entre les politiques économique, sociale et environnementale de l'organisation.
- La relation passé/présent/futur dans la gestion du développement durable de l'organisation et dans son application pratique, le management durable.

La cohérence entre ces messages et la fiabilité des intentions politiques, l'atteinte des objectifs et des cibles, ne peut être garantie que par des indicateurs transversaux. Les seuls qui existent sont ceux qui reposent sur une évaluation et une anticipation financières.

La formation

La formation des dirigeants

Les dirigeants sont la première cible de la formation et de la communication au management durable.

Il s'agit de les convaincre du bien-fondé du management durable et de leur en donner les moyens, soit :

- Réfléchir et agir à très long terme ;
- Intégrer les dimensions, économique, sociale et environnementale, dans un seul *corpus* ;
- Exprimer la politique, les objectifs et les cibles en termes financiers ;
- Choisir les objectifs et les cibles concrètes pour leur organisation, et non pas pour la planète : « think local, act local, count global ».

EXEMPLE   **RESPONSABILITÉS DE PME-PMI**

Il est infiniment plus important pour la propreté du Rhône et de la Méditerranée que les responsables des sites industriels et des PME-PMI le long du couloir chimique du Rhône soient conscients de sa pollution et réduisent au maximum leurs émissions et effluents, que toutes les conventions de Bâle, Kyoto, les Plans bleus pour la Méditerranée, réunies.

Le responsable ne se reconnaît pas dans les déclarations péremptoires des grands-messes mondiales du développement durable. Il faut, par conséquent, arriver à le convaincre et à lui enseigner comment appliquer un management durable dans son entreprise ou organisation, aujourd'hui, dans son contexte quotidien, loin des incantations planétaires, mais avec une vision du long terme.

Expérience dans l'administration

Je me rappelle, lors d'un séminaire sur le développement durable, avoir demandé aux hauts fonctionnaires français présents, d'identifier les éléments contraires aux principes du développement durable dans la salle même. Consternation dans les rangs. Le développement durable, peut-il descendre au simple niveau d'équipement d'une salle de conférences ?

- *Pourtant, les chaises en plastique sur lesquelles ils sont assis vont bien finir un jour par s'user, et seront jetées dans une décharge – sauvage ou non – et brûlées en dégageant du chlore dans l'atmosphère ;*
- *Pourtant, les pieds des chaises chromés ont bien été manipulés, à un moment ou un autre, par les mains d'ouvriers exposés au chrome, métal lourd toxique ;*
- *Pourtant, les murs d'un blanc immaculé ont été peints avec une peinture à base de plomb ou, au mieux, de solvants toxiques. Les peintres qui l'ont manipulée risquent de montrer des signes de saturnisme quelque vingt ans après avoir finalisé et oublié ce chantier ;*
- *Pourtant, la moquette synthétique usée est probablement à remplacer ; mais comment se débarrasse-t-on des lambeaux collés sur le béton avec une colle toxique ?*

- *Pourtant, les marqueurs à l'encre diluée dans un solvant toxique, dont je me sers pour transcrire leurs observations au tableau, où iront-ils une fois asséchés et vides ?*
- *Pourtant, les tubes en néon qui éclairent la salle, où finiront-ils leur vie ? Probablement, ailleurs que dans une décharge publique…*

En conclusion

Le développement durable et son application pratique, le management durable, sont des concepts nobles et généreux, mais qui doivent impérativement être traduits en termes concrets de la gestion quotidienne de nos entreprises et administrations.

La formation au management durable est une formation sur le terrain ici et maintenant. La couche d'ozone, la forêt Amazonienne, les rorquals de l'Arctique ont déjà subi tellement de dépréciations, qu'ils peuvent encore attendre. Balayons d'abord devant notre porte, avant de s'attaquer à sauver la planète. Voilà le message de formation et de communication que devraient entendre les cadres dirigeants de l'hémisphère Nord, comme de l'hémisphère Sud.

Pour ce faire, il faut avoir le courage de visualiser le long terme, d'intégrer les dimensions économique, sociale et environnementale, dans le management quotidien et d'exprimer le tout en termes financiers. Mais cela ne suffit pas : il s'agit aussi d'enseigner, voire d'imposer une éthique de responsabilité de la marche de l'organisation et du développement durable de ses propres collaborateurs qui fait cruellement défaut à la formation de la méritocratie de l'Union européenne.

La formation des ouvriers et employés

Les ouvriers, les employés et les fonctionnaires, sont une autre cible de la formation et de la communication au management durable.

– Éduquer la classe moyenne au management durable

Ne faisant ni partie des instances dirigeantes, ni des instances corporatistes syndicales, ils représentent néanmoins, comme citoyens, la majorité dans l'Union européenne. Très sensibles au matraquage quotidien télévisuel à très court terme et peu instruits pour envisager l'avenir à moyen et long terme de leurs enfants, ils ont perdu le sens de la transcendance des générations, qui caractérisait la France depuis Jules Ferry jusqu'à Pierre Mendès-France : l'agriculteur à peine lettré a un fils instituteur qui lui-même a un fils polytechnicien.

Ils sont la cible la plus sensible aux thèses du management durable, parce qu'ils ont hérité de ce besoin de développement économique, social, intellectuel et environnemental, qui a explosé après la Première Guerre mondiale. La classe moyenne, celle qui est la plus grande consommatrice de services et de produits, doit être éduquée au management durable.

Situation actuelle

Aujourd'hui, hormis quelques initiatives d'associations, qui de toute façon ne prêchent qu'à des convaincus, aucun effort n'est fait, au niveau européen, pour former ces classes moyennes au management durable, domestique et professionnel.

– Calculer le rapport coûts/bénéfices

Mais si une telle formation a un coût, elle doit aussi engendrer des bénéfices.

Ces coûts ne sont pas seulement les frais directs de la formation et des heures qui y sont consacrées, mais aussi les frais induits, causés pour manque de formation et d'information sur les impacts sociaux et environnementaux de ses propres gestes et habitudes : utilisation de la voiture, civisme dans le tri des déchets, chasse au gaspillage d'énergie et d'eau à la maison, etc.

Les impacts induits, dans l'entreprise comme à la maison, sont à inclure dans les bénéfices.

La formation des syndicats

– Éduquer les syndicats au développement durable

Le silence des syndicats, représentants du personnel dans les entreprises et des administrations, concernant le développement durable, est assourdissant, en France, en Grande-Bretagne, en Allemagne, en Italie, en Espagne et dans les autres États de l'Union européenne.

Les écoles de cadres des principales centrales syndicales en Europe sont bien outillées pour enseigner l'économie, la législation sociale, l'art de mener un débat contradictoire, l'organisation de manifestations, mais le management durable, et plus spécifiquement le management de l'environnement, est le grand absent du programme.

– Faire du management durable leurs revendications

Les grands syndicats français se sont amenuisés en se cantonnant aux thèmes revendicateurs de leur origine (durée du travail, salaire) sans avoir intégré les dimensions environnementales, l'hygiène et la sécurité, et même la santé économique à très long terme.

Il est étonnant que, dans toute l'Union européenne, comme par ailleurs aux États-Unis, les cadres et militants syndicaux ne se soient jamais intéressés, ni au développement durable, ni à l'environnement, ou au moins, n'en ont jamais fait un thème central de revendications, laissant le champ libre aux formations politiques.

L'hypothèse que l'on peut émettre est que, formés et rompus à identifier les inégalités sociales de richesses et les menaces sur les droits acquis corporatistes, ils sont passés complètement à côté des droits à l'environnement, des droits des salariés dans le reste du monde qui pour eux, ne sont pas seulement des abstractions, mais des menaces.

EXEMPLE   **THÈMES DE REVENDICATION**

Les thèmes de revendications – chiffres et calculs financiers à l'appui – ne manquent, pas en Union européenne, aux États-Unis, en Amérique du Sud, en Afrique, en Asie…

- Le droit à la vie en Afrique, serait-il moins important que le droit de grève en France ? Pourtant, il est facile d'évaluer ce que coûterait l'aide pharmaceutique massive contre le Sida, contre le prix d'une journée de grève des services publics en France.
- Le droit à l'air pur et à l'eau potable, serait-il moins important à Abidjan que le droit à la retraite à 50 ans des cheminots français ? Pourtant, il serait facile de calculer le coût d'une station d'épuration de 50 000 équivalents habitants, pour un quartier de Dakar, contre celui d'un congrès syndical national.

– Adhérer au développement durable au niveau local

Les syndicats, sans exception, pourtant rompus aux statistiques et aux calculs d'indicateurs, sont entièrement absents du débat sur le développement durable, sur la mondialisation, sur l'immigration contrôlée, sur la construction de l'Europe, sur l'entreprise et les organisations ayant une volonté – pas toujours les compétences, ni les capacités – d'adhérer au développement durable.

Pourtant s'il y a un thème syndical mondial qui importe en ce début de siècle, c'est bien celui-là. Mais ce n'est pas à Porto Alegre que l'on apprendra à formuler des revendications de management durable, c'est dans les cellules locales.

La communication

La communication sur la performance environnementale est encore trop souvent confondue avec la publicité.

L'âge de raison auquel accèdent maintenant les entreprises industrielles en matière de gestion de l'environnement, exige une information objective, impartiale, de préférence vérifiée par des auditeurs indépendants, comme cela se passe pour les bilans et rapports financiers.

Pour être crédible auprès du grand public, mais surtout auprès des clients et actionnaires, cette information doit être factuelle, quantifiée en termes de mesure et de contrôle et partout où cela est possible, traduite en termes de coûts/bénéfices financiers à court, moyen et long terme ;

Appréciation

Aussi longtemps que la communication concernant la gestion de l'environnement restera confinée à l'énoncé d'actions phares et d'avances sensationnelles dans la lutte anti-pollution, elle sera reçue par les médias, par le public et – de plus en plus – par les actionnaires et clients, comme au mieux un cache-misère, ou pire, comme une tentation maladroite de détourner l'attention des risques réels que comporte toute activité industrielle, comme par ailleurs toute activité humaine.

Modèle de rapport de développement durable

Les rapports de développement durable, dont la publication est devenue obligatoire dès 2002, pour les sociétés cotées en Bourse, devraient contenir les informations factuelles suivantes :

– *Étude du passif environnemental*

Le passif environnemental ne se limite pas aux constats des impacts négatifs du passé : il faut également évaluer les risques que l'activité fait courir.

L'ERIKA

Le pompage du fioul lourd de l'ERIKA a donné lieu à un stockage provisoire, dans une aire de rétention de Dombes. Ce stockage intermédiaire a fait refluer immédiatement le sentiment de crise et, par conséquent, l'attention des médias et le sentiment généralisé d'urgence.

Le problème est qu'il faudra bien faire quelque chose avec cette masse gluante qui se trouve désormais en lieu sûr, sur une bâche étanche. Les coûts à comptabiliser ne sont pas seulement ceux de la catastrophe de l'ERIKA elle-même. Le calcul du passif environnemental impose aussi le calcul du coût de l'élimination finale.

– Évaluation des risques et dangers

En aucun cas, une évaluation des risques et dangers ne peut être un exercice en solitaire. **Tous** ceux et celles qui sont exposés aux risques et dangers, ou qui exposent par leurs activités des tiers à ces risques et dangers, doivent participer à cette analyse.

Les risques sont à évaluer de façon aussi objective que possible (d'où l'intérêt de les faire aussi évaluer par des tiers), et concernent :

- les risques pour les personnes physiques, employés de la société ;
- les risques pour les riverains et la collectivité ;
- les risques pour les biens de la société, ceux des riverains et de la collectivité ;
- les moyens et actions mis en œuvre pour maîtriser et diminuer ces risques.

SILO À CÉRÉALES

L'activité du silo à céréales M à B présente un risque primordial d'explosion.

Ce risque concerne :
- les 11 employés.
- les riverains.
- le biotope en cas d'accident, car le silo est situé le long de la Garonne, en amont de Bordeaux.

Les moyens et l'organisation mis en place pour contenir ces risques sont :

- les investissements de blindage de l'électricité, protection anti-incendie ;
- l'organisation rigoureuse (ISO 9001 et ISO 14001) des procédures opérationnelles et de maintenance ;
- l'assurance de traçabilité des opérations ;
- le contrôle strict de présence dans des zones à indice de risque élevé.

La mise en œuvre de ces moyens et de cette organisation a un coût, qu'il faut mettre en face du coût en termes de pertes de vies humaines ou de blessures, de destruction de l'outil de production, de dépollution de la Garonne en cas de déversement massif de céréales.

Le résultat, hiérarchisé, doit donner lieu à un plan d'actions, qui sera dûment budgété dans le temps, avec identification des responsabilités.

– Coûts/bénéfices des investissements environnementaux

Il est indispensable d'opposer aux coûts des programmes environnementaux, les bénéfices réels, non seulement en consommation (eau, matières premières, énergie, etc.) mais également en diminution de risque **calculé**.

– Système de management environnemental

Le système de management environnemental doit être fondé sur une revue de direction, qui a comme buts :

- De vérifier l'efficacité du plan d'actions précédent et de sa mise en œuvre ;
- De vérifier la pertinence de la politique et des objectifs poursuivis ;
- D'identifier la politique et les objectifs à court (1 an), moyen (5 ans) et long (au-delà de 5 ans) terme.

Dans la mesure du possible, l'énoncé de ces éléments doit être présenté en termes financiers.

La description du système de management environnemental **doit** indiquer les réussites, mais également les échecs.

– Analyse coûts/bénéfices du cycle de vie de process et des produits
C'est le poste le plus complexe, où il faut mettre en évidence un ou deux produits ou de services par rapport, de façon à éviter une pléthore d'informations inutilisables.

– Comptabilité environnementale
C'est le compte de résultat des postes directement liés à l'environnement.

– Rapport annuel
C'est la synthèse des informations précédentes et des prévisibles pour l'année à venir.

– Résultat des études d'impact
C'est un résumé des études d'impact imposées par l'administration.

L'élargissement du management durable aux services

A partir des exigences de plus en plus précises et des pressions qui se sont exercées sur le secteur industriel, le management durable s'est graduellement élargi ces dernières années vers l'agriculture, les services et les administrations.

Que ce soit la banque, les assurances, les fonds d'investissements, les administrations, les services ont ainsi développé leurs propres normes et exigences en matière de performance et de risques environnementaux et sociaux.

Le « rating » des sociétés à base de critères environnementaux et sociaux est une pratique que les secteurs de services appliquent à une échelle de plus en plus large et ce, au niveau mondial.

EXEMPLE

En Amérique du Sud

Dans l'agriculture et la sylviculture, le législateur impose de plus en plus des mesures restrictives, qui tendent à protéger ou même à régénérer les biotopes menacés.

Au Brésil, l'exploitation sauvage des forêts n'est certes pas arrêtée, mais des grands groupes comme CVRD, ARACRUZ CELULOSE ou PETROBRAS ne reçoivent leurs autorisations d'exploitation, qu'à condition qu'un plan et des moyens préservant ou régénérant la biodiversité des forêts, accompagnent les investissements productifs.

Du point de vue social, sans des services internes de sécurité, de santé, d'éducation et de culture, les sociétés brésiliennes ne pourraient tout simplement pas survivre. Ou sinon, avec un coût social qui serait politiquement suicidaire à court terme.

En Asie

En Inde, un groupe comme TATA, confronté aux mêmes défaillances des services publics, s'est doté lui aussi des compétences et des investissements en observatoire de l'environnement, hôpitaux et écoles pour ses employés et leurs familles.

Ainsi, par une ironie dont l'histoire réserve ses secrets, les meilleurs exemples de management durable de l'industrie nous viennent de l'hémisphère Sud. Non parce que le management industriel y serait plus vertueux qu'en Europe ou en Amérique du Nord, mais simplement par nécessité. Et la nécessité est une excellente maîtresse !

En Europe

En ce qui concerne les administrations et les services publics, le souci de préserver l'environnement commence à faire partie des plans de développement des programmes politiques en Europe, y compris en France.

Depuis bientôt vingt ans, après ma démission du poste de chairman (PDG) du Groupe SOLEX-ZENITH PLC, je me suis efforcé à trouver des mesures qui puissent être applicables à l'entreprise, comme à l'organisation, dans tous les domaines. Je suis arrivé à la conclusion, expériences et applications concrètes à l'appui, qu'il n'y a en dernière analyse qu'un seul faisceau d'indicateurs : les indicateurs financiers.

Indicateurs

Il serait trop réducteur de restreindre la nature des indicateurs du présent à la seule expression financière des mesures. Dans chacun des trois domaines du management durable, des indicateurs spécifiques répondent à des analyses fondées sur des référentiels qui sont propres aux disciplines qui les sous-tendent.

Les indicateurs sont des guides indispensables pour la gestion du présent, néanmoins, leur seul socle commun est les indicateurs financiers.

Trois types d'indicateurs sont à distinguer :

Les indicateurs de conformité légale

Ce sont les outils de suivi de la performance de l'organisation par rapport aux normes légales, dans les domaines social et environnemental. Ces indicateurs sont à l'origine, techniques.

EXEMPLE

Dans le social

L'inspection du travail (et la loi) impose dans un local donné à risques, un certain niveau de m^3 d'air frais par employé, l'utilisation d'EPI (Equipement de protection individuelle) d'un certain type, un système d'alarme en ce qui concerne les émanations de CO, de SO_2, de gaz de cyanures, enfin un système physique et organisationnel d'évacuation en cas d'incident ou d'accident.

Ces spécifications techniques, qui sont clairement identifiées dans le code du travail ou, à défaut, dans les rapports de l'inspection du travail, peuvent être traduits en termes financiers, à la fois en matière :
- D'investissements nécessaires à consentir ;
- De coût de maintenance et de préservation ;
- De calcul du coût d'un accident.

Dans l'environnement

La DRIRE (Direction régionale de l'industrie, de la recherche et de l'environnement) (et la loi) autorise un niveau maximal de métaux lourds, d'hydrocarbures et de solvants, de matières en suspension (MES) et/ou de colibacilles dans les rejets d'eau, un certain type de traitement des DIS (Déchets industriels spéciaux).

Ces spécifications techniques, qui sont clairement identifiées dans les arrêtés préfectoraux, au moins en qui concerne les ICPE (Installations classées pour la protection de l'environnement) peuvent être traduits en termes financiers, à la fois pour ce qui est :
- des investissements nécessaires à faire ;
- du coût de la maintenance et de la mesure ;
- du calcul du coût d'un incident.

Les indicateurs de conformité politique

Ce sont les outils de suivi de la réalisation de l'organisation de ses propres objectifs, qui peuvent dépasser ou être déconnectés des exigences légales.

EXEMPLE

Dans la qualité

La direction de l'entreprise A de travaux publics allemande s'est fixée comme objectif d'avoir moins de x % de refus ou de réclamations client.

Cette spécification technique, qui fait partie de la politique de qualité de la société n'est nullement soumise à des mesures administratives ou légales. Néanmoins, il est facile de la traduire en termes :
- d'investissements,
- de maintenance,
- de contrôle.

Il est tout aussi facile d'estimer le coût financier potentiel des non-conformités de qualité. La non-qualité a un coût à la fois économique et environnemental (gaspillage rebuts, etc.).

Dans le social

La direction de la même entreprise s'est fixée comme objectif de n'avoir qu'au maximum 5 % de son chiffre d'affaires en chantiers à problèmes.

Cet objectif, à première vue technique, suppose une préparation en termes d'analyse des risques, de négociations sociales de révisions de plans d'implantation pour le long terme, qu'aucun législateur n'impose. Il est parfaitement possible de traduire cette volonté politique en termes :
- d'investissements d'organisation,
- de budget de négociation,
- de budget de communication.

Les indicateurs spécifiques

Chacun des trois domaines du management durable dispose de ses indicateurs spécifiques.

- **Les indicateurs économiques** peuvent ainsi se concentrer sur le ratio ROI (retour sur investissement), le pourcentage de rebuts et de rejets en qualité, le coût des arrêts de travail dus à des incidents, etc.
  Il s'agit toujours d'indicateurs traduisibles en termes financiers.

- **Les indicateurs sociaux** peuvent identifier le nombre d'heures de formation, les accidents ou quasi-accidents de travail, le niveau des salaires et primes, le nombre d'heures de travail, l'absentéisme, même la productivité par heure travaillée.
  Il s'agit toujours d'indicateurs traduisibles en termes financiers.

- **Les indicateurs environnementaux** identifient l'impact sur les émissions, les rejets d'eau polluées, la génération de déchets industriels, le bruit, la consommation d'eau, d'énergie et de matières premières, le degré de pollution des sols, les risques de contamination par des substances toxiques ou radioactives, le risque de détérioration durable d'un site ou d'un paysage.
  En face de l'ensemble de ces impacts et risques, il est possible de dresser un catalogue de mesures correctives et préventives, qui peuvent être dûment calculées en termes financiers.

Analyse du cycle de vie HSE (Hygiène, Sécurité, Environnement)

Le cycle de vie d'un produit, d'un service ou d'une infrastructure, a un impact économique, social et environnemental, à très long terme, dont les parties prenantes et les décideurs ne sont pas nécessairement conscients, ou qu'ils ignorent par intérêt à court terme.

EXEMPLE

L'invention des sacs en plastique PVC des supermarchés dans les années soixante a causé, en moins d'une génération, un désastre écologique au niveau des campagnes, des rivières et des océans, dont les ravages continuent en toute impunité.

Les PC d'ordinateurs, les écrans obsolètes des téléviseurs, les fours à micro-ondes, les réfrigérateurs, les lave-linge, les lave-vaisselle, et autres appareils électroménagers font actuellement l'objet d'une directive européenne de recyclage, ce qui n'empêche pas les pays membres de l'Union européenne de les exporter – une fois n'est pas coutume – vers les ports de l'Asie du Sud-est, où ils sont dépecés en dépit de toute précaution d'hygiène et de sécurité.

Néanmoins, l'obligation légale de désassemblage existe et la conception des équipements s'en trouve profondément changée.

Responsabiliser les fabricants est de leur intérêt

Pour la première fois dans la société de consommation, qui date seulement de deux générations (depuis 1960) pour l'Europe et les États-Unis, et qui a donné lieu au principe du tout jetable (dont Bic est resté le symbole), le concepteur ou fabricant de produits s'intéresse – contraint et forcé – au sort de ses créations après leur vie utile.

Cette révolution de la consommation se fait sentir déjà à notre génération et sera effective à celle de nos enfants : on n'achètera plus de voitures, d'équipements de bureau, d'ordinateurs, de téléviseurs, d'équipements de loisirs, etc. mais on signera un contrat de location de longue durée, et le constructeur-distributeur se chargera de remplacer les équipements obsolètes et de les désassembler, comme le lui imposera la législation.

L'analyse du cycle de vie responsabilise les industriels et commerciaux, non parce qu'ils sont plus vertueux que ceux qui les ont précédés, ni parce que les lois et règlements les y obligent, mais simplement parce que deux générations de consommation de produits jetables par les ménages, et de production de déchets toxiques par l'industrie, menacent sérieusement ceux-là mêmes qui génèrent ces jetables et ces déchets.

EXEMPLE

Notons que la Suisse arrive en tête au palmarès des exportateurs de déchets toxiques, suivie de la Hollande, de l'Allemagne, du Canada et des États-Unis.

La mondialisation de l'économie va empêcher, à plus ou moins court terme, de déverser chez nos voisins pauvres de l'Europe de l'Est, de l'Afrique, de l'Amérique Centrale ou de l'Asie du Sud-est les résidus de notre société de consommation. L'intégration de la Pologne dans l'Union européenne a déjà privé la Suisse et l'Allemagne des vastes plaines polonaises où ces pays « à l'image propre » pouvaient déverser tous leurs déchets.

L'électroménager et la bureautique obsolètes trouvent encore une voie – illégale – de récupération dans le Sud-est Asiatique. Mais pour combien de temps ?

Substituer le prix de service au prix de revient du produit

Il est évident que la responsabilisation des constructeurs et des producteurs de biens consommables est à terme dans leur propre intérêt économique.

L'analyse du cycle de vie est ainsi devenue un outil essentiel avant toute mise sur le marché d'un produit industriel ou de consommation. Le calcul de rentabilité de biens produits glissera ainsi de l'actuel prix de revient vers celui du prix du service.

EXEMPLE **MULTINATIONALE DE FABRICATION D'IMPRIMANTES (Japon)**

Les indicateurs de rentabilité ne sont déjà plus calculés en termes de prix de revient produit, majoré de son prix de distribution. Dès à présent, des indicateurs concernent le cycle complet du service rendu au client.

Ce cycle comprend :
- le coût R/D, répercuté sur le service rendu ;
- les coûts de production, y compris les amortissements des moyens de production, répercutés sur le service rendu ;
- les frais de distribution ;
- les frais de récupération ;
- les frais de désassemblage.

Le prix du service est calculé sur une moyenne estimée de cinq ans pour les particuliers, dix ans pour les administrations.

Les bénéfices de cette multinationale de fabrication d'imprimantes ne sont déjà plus calculés en termes coûts/bénéfices de la production à l'instant t, mais en termes de services vendus sur des périodes de cinq à dix ans.

Les bases des comptes de résultats prévisionnels de ce spécialiste mondial des imprimantes, sont profondément modifiées depuis 2004 :

Comptes de résultats 1998-2004 et 2005-2015

Mode de calcul 1998-2004	Mode de calcul 2005-2015
Coûts (annuels) 1 – Fabrication • Fabrication composants • Sous-traitance • Assemblage 2 – Frais généraux • Intendance (dont DG) • Distribution 3 – Frais financiers 4 – Impôts et taxes	Coûts (plan à dix ans) 1 – Fabrication 2 – Frais généraux 3 – Distribution 4 – Récupération 5 – Recyclage 6 – Frais financiers 7 – Impôts et taxes
Recettes (annuelles) 1 – Ventes annuelles 2 – Service après vente 3 – Subventions (Europe)	Recettes (plan à dix ans) 1 – Contrats location 2 – Produits de recyclage 3 – Subventions (Monde)
Bénéfices/pertes (annuels) 1 – Bénéfices avant impôts 2 – Bénéfice net	Bénéfices/pertes (2005-2010) 1 – Prévision de bénéfices (2005-2015) 2 – Bénéfice annuel prévisionnel

Développement durable et humanisme

Au niveau socio-culturel, le rapport coûts/bénéfices est difficile à calculer, parce que émotionnellement chargé.

Quel est le coût de remédiation de l'écroulement – heureusement hypothétique – de la cathédrale Notre-Dame de Paris, de la cathédrale de Chartres, de celles de Saint-Denis ou de Reims ? Pourtant, toutes ont été construites, il y a moins de 80 générations, sur des emplacements de temples, qui dédiés à Neptune, qui à Vénus, qui à Bacchus, qui à Jupiter, rasés et considérés comme chantiers de récupération de marbres et de pierres de taille pendant les 15 générations (Ve siècle au IXe siècle de l'ère chrétienne) qui virent le développement du christianisme en Gaule.

Comme le fut le Colisée de Rome, jusqu'au moment où le pape PIE III au début du XVIe siècle décréta qu'il s'agissait d'un lieu saint, où les premiers chrétiens avaient été sacrifiés aux bêtes sauvages.

On n'a aucune trace écrite de ce martyre des chrétiens au Colisée, mais soyons reconnaissants au pape PIE III, qui aura, en le sanctifiant, sauvé le Colisée d'une destruction totale.

Plus tard, il y a de cela à peine quatorze générations (XVIe siècle), la folie ravageuse des protestants détruisit en Allemagne, en Hollande, en Flandre, à Lyon et à Genève, les plus grands bas-reliefs jamais réalisés par la main de l'homme, les plus belles enluminures des bibliothèques monacales, dont la valeur leur échappait complètement.

Plus proche de nous, la destruction des bouddhas géants en Afghanistan par les talibans à peine capables d'écrire leur propre nom, le génocide haineux des Khmers rouges de tout ce qui ressemblait à un intellectuel, et enfin l'incroyable meurtre organisé de six millions de juifs, il y a à peine deux générations, ici en Europe, pour la seule raison qu'ils étaient les meilleurs musiciens, artisans, commerçants, ingénieurs, architectes, artistes et financiers du vieux continent, démontrent que la destruction est tellement plus facile que le développement durable.

Pour les cathédrales, comme pour les innombrables châteaux et monuments de France, PROSPER MÉRIMÉE et VIOLLET–LE–DUC ont démontré au XIXe siècle qu'il était possible de mettre en œuvre le principe de réversibilité, de même que LORD ELGIN – ambassadeur auprès de la Grande Porte, au moment de la terreur en France – sauva probablement les marbres du Parthénon en les rachetant pour 3 500 livres-or au pacha turc d'Athènes, qui n'y voyait en bon musulman que des bigoteries impies[1].

Le patrimoine socioculturel peut toujours être reconstruit et le principe de réversibilité, dûment calculé en coûts/bénéfices, est toujours applicable.

---

1. En 1984 Mme Melina Mercouri, alors ministre de la Culture de la Grèce redevenue démocratique, il y a une génération , qui lança à la figure de Margaret Thatcher, alors Premier ministre de sa gracieuse majesté britannique en pleine chambre des Communes « You saved the Partenon marbles ! Thank you very much. And now, give them back. » « Vous avez sauvé les marbres du Parthénon ! Merci beaucoup. Et maintenant, rendez-les »).

N'oublions pas que si la France, en ce début du XXIe siècle, est la première destination touristique du monde, elle le doit largement aux dépenses que Mérimée, Viollet-Le-Duc et – six générations plus tard – André Malraux ont pu engager pour sauvegarder et rétablir le patrimoine français.

En clair, le bilan du management durable de l'entreprise « France », pour ce qui est de son patrimoine socioculturel et économique est extrêmement positif, lorsqu'on l'évalue sur une durée de deux siècles, soit sept générations.

Mais comment appliquer le principe de remédiation à l'extermination de six millions de juifs, de deux millions d'arméniens, de deux millions d'intellectuels cambodgiens, uniquement parce qu'ils étaient plus intelligents, les plus cultivés et les plus instruits dans les sociétés où ils vivaient ? Ou encore l'extermination stalinienne des intellectuels et artistes soupçonnés d'être une menace pour le pouvoir, parce que créatifs ?

L'intelligence, la créativité et le calcul de l'esprit humain ont démontré, depuis l'homme de Neandertal, qu'ils sont capables du meilleur, comme du pire.

Adopter une vision humaniste

Si le développement durable et son application dans la gestion du jour au jour, qui est le management durable, veulent avoir un sens, il faudra qu'ils adaptent une vision résolument humaniste de l'univers (l'homme étant le centre de toute réalité cognitive), tolérante et étrangère à toute manifestation de religion et d'ethnie, loin de toute pratique religieuse, clanique, mafieuse régionale, nationaliste ou sexiste de la gestion des entreprises et des organisations.

La vision humaniste ne soustrait pas au vertueux calcul coûts/bénéfices

Mais cette vision humaniste n'empêche pas de chiffrer en termes coûts/bénéfices globaux, la réalisation, la maintenance et la formation du patrimoine naturel, artistique et intellectuel d'une activité industrielle, culturelle ou sociale.

Aussi longtemps qu'on n'aura pas le réflexe de chiffrer, par estimation, le rapport coût/bénéfices d'un musée, d'un parc national, d'un hôpital, d'une université, des comptables pointeront du doigt les coûts, facilement chiffrables et rapidement calculés. Pourquoi serait-il plus aléatoire d'en estimer les bénéfices, même si ces estimations peuvent – et doivent – être sujet à controverse ? Comme si les comptes prévisionnels d'une entreprise cotée en bourse – Vivendi, Crédit Lyonnais, Enron, Parmalat – ne l'étaient pas.

Conclusion
Les indicateurs financiers sont les seuls à donner une vision à long terme de la vie des entreprises privées ou non, organisations, y compris des organisations à but non-lucratif.

Gérer le futur

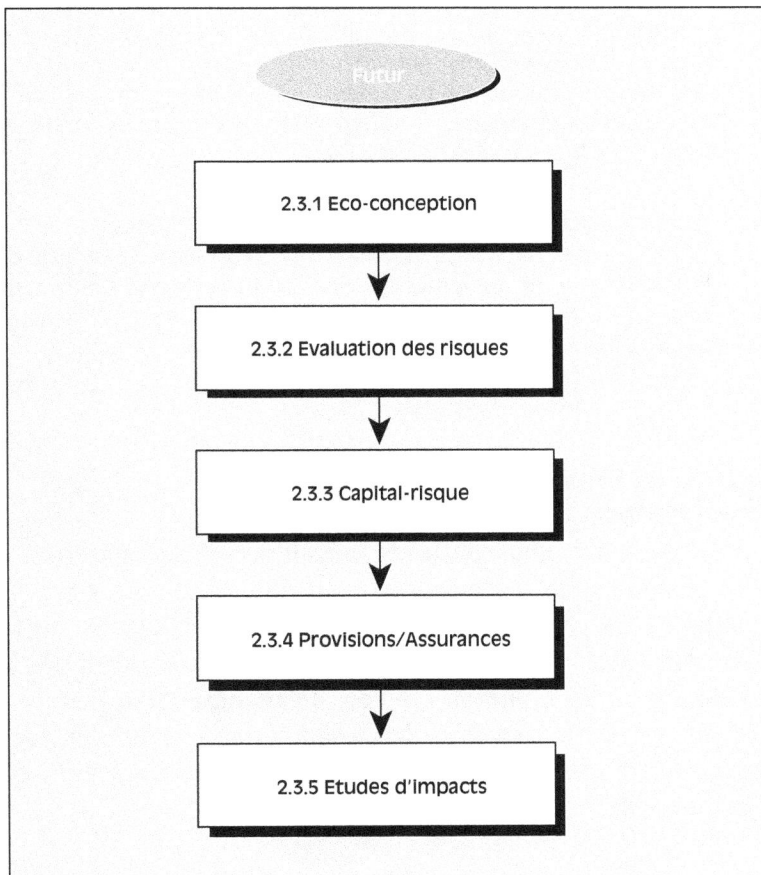

Éco-conception

Dès la mise en chantier d'un produit ou d'un service, il est possible d'en évaluer l'impact social, environnemental et économique. A partir des référentiels propres à chacun de ces domaines, des indicateurs coûts/bénéfices peuvent être calculés.

EXEMPLE   **LE PROJET PARIS J. O. 2008**

Dans la conception du village olympique pour le projet PARIS 2008, situé à Saint-Denis Aubervilliers, les impacts probables économiques, sociaux et environnementaux ont été calculés, y compris le devenir des installations après le déroulement des Jeux.

Les matériaux utilisés pour le gros œuvre comme pour les finitions répondent à un cahier de charges qui exclut le recours à des bois rares mais exige également un certificat de bonne gouvernance environnemental de la part des fournisseurs (graviers, bétons, aciers, portes et fenêtres, sanitaires, etc.), ainsi que les preuves du respect des lois sociales sur le BTP.

Le démantèlement du village olympique après l'événement, le transport des pièces détachées (CKD) vers une capitale de l'Afrique Occidentale fait partie intégrante du cahier de charges. La remise en valeur du site du village comme lieu de villégiature fait également partie du cahier des charges.

Révolutionner l'éco-conception au niveau de l'aménagement du territoire

Dans un univers mondialisé où les mégalopoles concentreront d'ici 2100, 80 % de la population mondiale, si rien est fait pour renverser cette tendance, les grandes villes européennes, à l'instar des mégalopoles comme Mexico City, São Paulo ou Tokyo, deviendront des lieux de non-droit, où la pollution de l'air, le manque d'hygiène et de services publics, la dégradation des réseaux d'électricité, des égouts, du traitement des eaux usées, entraîneront une détérioration galopante et inexorable des conditions de vie.

Techniquement, financièrement et socialement, il est possible d'inverser cette tendance, mais ceci suppose une révolution dans l'éco-conception de l'aménagement du territoire et dans l'architecture urbaine.

EXEMPLE **LE COMMERCE DE PROXIMITÉ**

L'habitat intégré de proximité

La revalorisation de l'habitat individuel, du commerce et des services de proximité, peut remplacer la course effrénée vers le gigantisme des HLM de LE CORBUSIER, des hypermarchés, du réseau routier, etc.

L'autonomie énergétique de ces habitats à taille humaine n'est pas une vue de l'esprit : le photovoltaïque comme le biogaz peuvent largement rendre autonomes en besoins d'énergie ces habitats-jardins. Certaines banlieues de Londres donnent l'exemple de ce que pourrait être l'éco-conception de l'architecture et de l'aménagement du territoire d'une mégalopole du XXIe siècle.

Le commerce de proximité, surtout dans l'hémisphère Nord à population vieillissante, est d'un rapport coût/bénéfice infiniment supérieur aux chaînes de distribution, surtout lorsqu'elles sont intégrées verticalement du producteur jusqu'aux consommateurs, comme c'est le cas en Grande-Bretagne et en Allemagne.

Il est évident qu'un compte de résultats d'un supermarché, pris dans sa définition stricte d'un périmètre d'achats-ventes de produits de première nécessité, est largement bénéficiaire. Mais nulle part n'est comptabilisé le coût des transports individuels (amortissements des voitures obligatoires pour les clients), du réseau des voies publiques nécessaires à son accès, des émissions des voitures, des sur emballages et de leur enfouissement au traitement, de la pollution due à l'acheminement massif des produits consommables, du choix (ou non-choix) imposé aux producteurs de produits frais, et par conséquent, de la qualité environnementale et sociétale.

Le commerce de proximité est-il plus cher que le supermarché ? Dans une pure approche comptable, sans aucun doute. Mais en intégrant les coûts induits et les bénéfices (sociaux et environnementaux) perdus, il est peu probable que la balance penche en faveur des super et hypermarchés.

Ces perspectives sont parfaitement réalistes, mais elles doivent être fondées sur des indicateurs financiers, qui débordent de loin le seul périmètre du supermarché.

La production d'énergie électrique en France

Le rapport coût/bénéfice d'une politique de génération individuelle d'électricité pour l'habitat ferait diminuer les besoins en fourniture, transport, maintenance de l'électricité en France de 20 %.

Les moyens techniques et technologiques existent, mais le problème est de déconnecter le calcul coûts/bénéfices global de celui de coûts/bénéfices d'une génération personnalisée au niveau des maisons individuelles, des immeubles d'habitation, etc.

Ces 20 % économisés permettrait à l'État de se concentrer, d'une part sur les recherches de recyclage de déchets nucléaires, d'autre part sur des nouvelles énergies de masse, qui seront l'hydrogène et la fusion.

Ici encore, une approche **globale** des coûts/bénéfices pour les collectivités s'impose.

Évaluation des risques

Tout projet d'avenir est porté par définition par un espoir de réussite. C'est pourquoi psychologiquement, il est assez logique que les protagonistes d'un projet aient tendance à ignorer, voire à en occulter – volontairement ou non – les risques.

EXEMPLE   LA NÉGATION DU RISQUE

CONCORDE, il y a une génération, EUROTUNNEL, plus proche de nous, mais aussi le gâchis des HALLES DE PARIS, dont plus personne ne sait quoi faire, à peine une génération après que l'éradication des pavillons de BALTARD soit devenu un enjeu politique et idéologique du gouvernement de l'époque, sont des exemples-type de projets pour lesquels les risques n'étaient même pas envisagés, ignorant superbement le principe de réversibilité, qui est l'un des piliers du management durable.

On peut classer ces risques par ordre décroissant de maîtrise :
- le risque économique et financier ;
- le risque social et humain ;
- le risque environnemental ;
- le risque technologique ;
- le risque juridique ;
- le risque moral ;
- le risque de négociation.

Le risque économique et financier

La maîtrise du risque économique et financier est probablement la mieux assurée à court terme, aussi bien dans les entreprises que dans les administrations, au moins dans l'hémisphère Nord.

L'outil de maîtrise existe, la comptabilité analytique et le contre-pouvoir sont établis et codifiés légalement ; les commissaires aux comptes pour les entreprises privées ; la Cour des comptes, pour les administrations.

Appréciation

Si des dérapages existent – ENRON, VIVENDI, les FRÉGATES DE TAIWAN ou LE PÉTROLE D'ANGOLA – ce n'est jamais le risque économique et financier qui a été en cause et n'a pas été maîtrisé, mais les autres risques, directement liés aux intérêts conflictuels humains, politiques et d'influence.

Le risque social et humain

En théorie, le risque social et humain est bien maîtrisé dans les entre-prises et organisations occidentales. En France, le législateur depuis plus de trois générations (1902), et sous l'impulsion des organisations syndicales puissantes (1946), a essayé de formaliser la maîtrise du risque social et humain dans l'industrie et les services. Bien sûr, c'est un effort qui ne connaît pas de fin, les accidents n'étant, par définition, ni prévisibles, ni planifiables.

Cependant, dans les cas d'accidents graves, la maîtrise est balisée par des règles, une organisation sociale et économique, qui prend en charge les conséquences. Ces accidents peuvent être brutaux (type AZF), mais aussi très étalés dans le temps (type silicose, saturnisme, irradiations).

Le risque humain et social n'est pas seulement lié à la qualité des investissements et aux précautions prises dans ce domaine, mais aussi à la formation et à l'autosurveillance de l'ensemble des opérateurs.

EXEMPLE   **L'EXPLOSION D'AZF**

Si l'hypothèse de l'origine de l'explosion d'AZF, c'est-à-dire le déversement par un opérateur d'une benne de produits hautement inflammables sur des produits comburants était exacte, où trouver l'erreur, sinon dans le manque d'organisation de l'usine et de formation des opérateurs ?

Si par contre, l'hypothèse d'un arc électrique, rendu possible par la conception technique et technologique des équipements était exacte, où trouver l'erreur, sinon dans le manque de contradiction et de contestation des ingénieurs responsables du concept même de l'usine ?

Le principe de l'analyse et de l'élimination ou diminution des risques sociaux et humains est simple : si les conditions d'une erreur humaine sont présentes, l'erreur sera commise un jour ou l'autre. Il s'agit donc d'éliminer au maximum les possibilités d'erreur, par l'investissement sécuritaire, mais plus encore par la formation, l'information et l'audit permanent des conditions physiques et organisationnelles.

La prolifération des certifications ISO 9001 pour la qualité, ISO 14001 pour l'environnement, OHSAS 18001 pour l'hygiène et la sécurité, commence à masquer trop souvent la compétence des auditeurs, internes et externes, à évaluer les risques, les impacts et l'efficacité réelle de ces certifications.

Attention

Le syndrome qui menace les entreprises et les organisations, c'est de confondre les cartes et le territoire, de masquer la réalité du risque social et humain par une organisation qui prétend éliminer ces risques.

Les certifications ISO ou OHSAS sont autant de repères utiles de bonne gouvernance de la qualité, de l'hygiène et de sécurité et de l'environnement, mais il y a des situations qui peuvent mettre en doute leur validité :

- **En gestion de la qualité** (ISO 9001-2000), l'absence totale d'une référence légale peut rendre, à moyen ou court terme, le label suspect.

- **En gestion de l'environnement** l'attitude qui consiste à se conformer et, si possible, contourner la loi, rien que la loi, peut rendre suspecte la certification ISO 14001.
- **En gestion de la sécurité et de l'hygiène**, réduire la problématique à la connaissance et au respect du code du travail, peut rendre suspecte la certification OHSAS 18001[1].

EXEMPLE   **LES SEMENCES « EXTERMINATOR »**

Si Monsanto n'avait pas retiré, sous la pression de l'opinion publique, ses semences appelées « exterminator » par les médias (parce que ne donnant qu'une seule récolte, sans possibilité de génération ultérieure de semences), rien ne l'aurait empêché de faire certifier son unité de production ISO 9001-2000 en qualité.

Il n'est pas étonnant, dans ces conditions, que bon nombre d'associations de défense des consommateurs mettent en doute la validité du label ISO 9001, très souvent à tort, mais comme toute annonce publique est soumise à critique, les certifications de qualité le sont également.

- **En gestion de l'environnement** (ISO 14001, EMAS),
  la référence au respect de la réglementation et des lois est explicite.
Ceci étant, la vérification de la conformité réglementaire est du ressort des autorités publiques (DRIRE en France, EPA pour les États-Unis pour qui la certification ISO 14001 ne représente aucune garantie officielle de conformité). Il n'est par conséquent pas étonnant, que les associations de protection de l'environnement, déjà traditionnellement hostiles à l'industrie, manifestent une méfiance déclarée vis-à-vis des labels ISO 14001 de gestion de l'environnement.

---

1. OHSAS : Organisational Health and Security Assesment System.

En gestion de l'hygiène et de la sécurité

Enfin, en ce qui concerne la certification OHSAS 18001 (Occupational Health and Safety Assesment System), deux constats s'imposent :

- Il n'y a pas de norme internationale d'hygiène et de sécurité, la norme britannique faisant office, à défaut, d'un référentiel pour la plupart des industries dans le monde.

Les raisons de l'absence de norme internationale, même issue d'une institution privée comme l'International Organization for Standardisation (ISO), sont multiples :

- les conditions de travail ont fait l'objet, depuis plus d'un siècle (1870 pour l'Allemagne, 1876 pour la France) de législations contraignantes, mais qui ne sont pas homogènes d'un pays à l'autre ;
- l'hygiène et la sécurité font l'objet de conventions et de négociations entre les partenaires sociaux au niveau national, dont l'issue donne lieu à des règles très strictes à l'intérieur de chaque pays, de l'Union européenne, des États-Unis, de l'Asie, de l'Amérique Latine, dont l'harmonisation est soumise à des pressions politiques, économiques et sociales ;
- la conception même de la responsabilité et de la couverture de l'hygiène et de la sécurité au travail est radicalement différente de chaque côté de l'Atlantique : dans l'ensemble de l'Union européenne, il s'agit d'une responsabilité essentiellement étatique, aux États-Unis, il s'agit d'une responsabilité essentiellement privée ;
- vouloir appliquer les mêmes règles d'hygiène et de sécurité aux entreprises de l'hémisphère Nord et de l'hémisphère Sud a un sens pour les groupes industriels et tertiaires multinationaux, mais en l'état actuel des disparités économiques mondiales, cette volonté est inapplicable au niveau des entreprises et services locaux.

- Là où la qualité (certifiée ISO 9001-2000) ne fait que l'objet d'une convention de contrat entre un client et un fournisseur, et où le respect de l'environnement est un problème entre les opérateurs et les pouvoirs publics, l'hygiène et la sécurité font intervenir la compétence du médecin, dont les prérogatives dans le domaine professionnel sont très disparates d'un pays à l'autre.

Il n'est pas étonnant que la certification OHSAS 18001, pourtant indispensable, soit observée, au mieux avec prudence par les pouvoirs publics, le corps médical et les syndicats.

En conclusion

- *Les certifications sont indispensables comme outils de gestion. La rigueur et l'autocontrôle qu'elles imposent améliorent, dans tous les secteurs, l'efficacité de l'organisation.*
- *Aucune certification n'élimine le risque social et humain.*
- *Aussi longtemps qu'il s'agira d'une initiative privée, sans aucune reconnaissance publique ou politique, la valeur des certifications comme outils de communication demeurera très relative. La reconnaissance officielle, au niveau de l'Union européenne, des États-Unis, du Mercosur, sans parler de la Russie, du Japon, de l'Inde et de la Chine, et les contrôles d'audit qui en seraient les garants, constitueraient un progrès considérable dans la reconnaissance des certifications par les opinions publiques. Mais même une reconnaissance officielle n'exemptera en rien le gestionnaire d'établir un bilan coûts/bénéfices et de se choisir des indicateurs financiers en conséquence.*

Le risque environnemental

Le risque environnemental est, en théorie, techniquement maîtrisable, mais mal maîtrisé pour des raisons économiques et surtout politiques.

EXEMPLE MANAGEMENT DE LA MER

Il serait parfaitement envisageable, à l'instar des eaux territoriales des États-Unis, d'interdire l'entrée de la Manche à tout pétrolier ne disposant pas d'une double coque, et n'étant pas en possession d'un certificat d'inspection récent d'un organisme d'audit international reconnu, comme c'est d'ailleurs le cas au niveau du contrôle technique pour la plupart des lignes aériennes internationales.

Une telle mesure supposerait la coopération entre les services maritimes espagnols, français, anglais, belges, hollandais, luxembourgeois et danois.

Elle obligerait une bonne partie des pétroliers à simple coque, naviguant sous pavillon de complaisance panaméen, libérien, grec, chypriote... de faire le détour par l'Atlantique Nord, au-delà des eaux territoriales de l'Irlande, de l'Ulster et du Danemark, pour arriver à Rotterdam ou à Anvers, les plus grands ports pétroliers du monde. D'où une rallonge de dix à quinze jours du trajet et une perte certaine d'attractivité de ces ports, au profit du Havre, les rafiots du type ERIKA étant interdits d'entrée sur le rail maritime de la mer du Nord par le côté Sud, origine de la route des hydrocarbures.

Techniquement, militairement, juridiquement la mesure serait d'une simplicité quasi biblique.

Les risques de pollution seraient réduits en proportion de dix contre un, d'autant plus que la force militaire maritime des pays riverains de la mer du Nord pourraient jouer un rôle de dépistage des fraudeurs de dégazage en mer, à l'instar des États-Unis, qui disposent d'un corps de «coast guards » extrêmement efficace qui sillonne les grandes côtes américaines.

Pour mettre en œuvre une telle action, il faut une Union européenne forte, qui puisse imposer aux intérêts régionaux politiques et économiques une loi cadre de management de la mer.

Les risques environnementaux ne sont plus des risques qui peuvent être régulés par des lois et des organisations nationales, mais par des lois et réglementations européennes. Mais, les États de l'Union européenne étant dirigés par des gouvernements **nationaux**, eux-mêmes comptables de leur économie **nationale**, aucun indicateur de risque ne dépasse le périmètre de chacun des pays riverains de la mer du Nord.

Pourtant un calcul financier global démontre facilement les avantages et les inconvénients d'une telle directive européenne.

Les avantages se chiffrent en millions d'euros par an pour l'ensemble de l'Union, en tenant compte du coût de surveillance fragmentée, de dépollution des accidents écologiques graves des dix dernières années (1995-2005), sans prendre en compte les dommages induits sur la faune et la flore maritimes.

- Les inconvénients sont également d'ordre financier : une telle mesure favoriserait, au moins dans le court terme (le temps de dissuader les armateurs et commanditaires de pétroliers hors normes), les ports les plus proches de l'entrée Sud de la Manche.

D'où la nécessité d'une négociation de compensation entre les États riverains, une négociation qui ne peut s'entamer concrètement que si elle est fondée sur des indicateurs financiers.

Le risque technologique

Situation actuelle

Depuis l'utilisation du gaz à moutarde à Ypres en 1917, de la bombe nucléaire à Hiroshima et Nagasaki en 1945, du cyclon-B par les Allemands pour exterminer de façon industrielle un peuple entier, la suspicion publique pèse sur la recherche et le développement.

Récemment, cette suspicion s'est élargie aux biotechnologies, à la cybernétique, aux progrès dans la reconnaissance de l'espace et dans l'accès aux informations au niveau mondial.

Toute avancée significative de recherche et développement comporte des risques technologiques, de déviance et de déséquilibre de pouvoir, depuis les temps anciens jusqu'à la récente attaque au gaz sarin par une secte démentielle à Tokyo.

Différence d'optique

Le problème de la recherche et du développement en technologie n'est pas de craindre ce qu'on risque de trouver, mais de courir le risque d'utilisation de ce qu'on trouve. Ce qui n'est pas un problème de technologie, mais d'éthique.

A mon sens, le seul problème qui se pose à la recherche et au développement est la question de la réversibilité.

EXEMPLE   **LA RÉVERSIBILITÉ**

Le DDT assainît définitivement dans les années 30 les marais entre Rome et Ostie sous Mussolini, éradiquant le paludisme, tout comme il l'a fait pour les marais de la Camargue sous Léon Blum et pour les marais du Bas Congo, sous le régime colonial belge. Le DDT était-il fasciste, socialiste ou colonialiste, pour autant ?

Certes pas, mais il s'est avéré à long terme dangereux pour la santé humaine, animale et végétale, laissant des traces durables dans les organismes. En conséquence de quoi, on cherche les moyens de réversibilité, les exterminateurs de substitution et on limite la production et l'utilisation du DDT. Sans réintroduire le paludisme.

Il est sans doute regrettable, d'un point de vie philosophique, que l'on ne trouve plus de mouches tsé-tsé en Europe, mais que les amateurs de la nature « originale » se consolent, il y en a encore plein en Afrique subsaharienne et au Brésil Tropical (la dengue) et elles tuent de l'ordre d'un million d'enfants dans le monde. Naturellement.

- Lorsqu'on constate que certains pesticides chimiques, extrêmement efficaces sur le blé et le maïs, provoquent l'extermination des abeilles, peut-on, oui ou non, revenir en arrière, réparer les dégâts, à quel prix et qui payera ?
- Lorsqu'on constate que le soi-disant traitement des déchets nucléaires par enfouissement est une aberration environnementale, économique et sociale, peut-on revenir en arrière, réparer les dégâts, et à quel prix ?
- Et si demain il s'avère que la voiture à moteur à explosion, à base de fioul ou d'essence, est la première cause de mortalité prématurée directe (accidents) et indirecte (maladies dues à la pollution) après les guerres, et des coûts de la sécurité sociale dans l'hémisphère Nord, aura-t-on le courage de calculer le coût de la réversibilité ?

Que l'on ait besoin de moyens de transports individuels et collectifs est évident. Que la technologie de locomotion soit à base du moteur à explosion, pour le XXIe siècle, est pour le moins douteux, sinon carrément absurde.

Mais qui payera la mutation technologique ? Nous. Parce que de deux choses, l'une :

- ou bien, on change de technologie de locomotion, mais cela coûtera cher en recherche et développement ;

* ou on garde le système actuel absurde de moteurs à explosion, ce qui coûtera beaucoup plus cher aux générations à venir pour dépolluer les villes, les routes, les villages et trouver *in extremis* des énergies de substitution.

* Personne, à ma connaissance n'a établi jusqu'à présent un bilan coûts/bénéfices de la voiture individuelle comme moyen principal de déplacement dans le monde. Et ce, en termes économiques, sociaux, environnementaux.

* J'ai l'intuition que, si l'on établissait ce bilan sur les six dernières décades (1945-2005) et si on appliquait le principe de réversibilité, en se fondant sur des indicateurs financiers, la recherche et développement et les investissements en moyens de transport en commun connaîtraient, au moins dans l'hémisphère Nord, une explosion quantitative et qualitative.

Le risque juridique

Dans un article extrêmement lucide de Corinne Lepage (ex-ministre français de l'Environnement), paru récemment dans un grand quotidien du matin, celle-ci explique que l'opposition aux plantes transgéniques ne peut en aucun cas, dans un État de droit, passer par des évaluations de risque qui ressemblent à s'y méprendre à une justice que les anti-OGM se font eux-mêmes.

Le management durable fait face à plusieurs risques juridiques :

* le risque de l'illégalité socio-économique des travailleurs clandestins, pratique largement répandue dans l'Union européenne et aux États-Unis, surtout parmi les sous-traitants du BTP, du textile, les commerçants de la restauration, les saisonniers agricoles et les marins.

* le risque de non-conformité par rapport aux exigences légales ou aux arrêtés préfectoraux, essentiellement de l'industrie, en matière d'émissions, de rejets, de traitement de déchets, de bruits, de remédiation des sols, etc.

* pas une entreprise, parmi plus d'une centaine que j'ai visitées et pour lesquelles j'ai eu à établir un diagnostic depuis une quinzaine d'années, que ce soit en Europe, en Amérique

Latine, en Amérique du Nord ou dans l'ancien bloc communiste, qui ne présentait pas au moins une non-conformité grave par rapport aux exigences concernant les obligations environnementales légales.

- les non-conformités légales du secteur agricole, partout dans l'hémisphère Nord, concernant l'utilisation des phosphates, des herbicides, des nitrates sont un fléau auquel les autorités de l'Union européenne, comme des États-Unis, hésitent à s'attaquer, vu le poids électoral et financier du lobby agricole. Cependant elles devront s'y affronter, si l'on veut éviter la contamination durable des nappes phréatiques et des rivières et réduire le coût exorbitant du traitement de l'eau au captage à la source.

- les non-conformités légales des services, et, plus particulièrement du premier d'entre eux pour la France, le tourisme, sont proprement ahurissantes pour un pays développé.

Le manque de traitement des eaux des égouts sur les façades de la Méditerranée et de l'Atlantique, faute d'équipements prêts à traiter les déchets et les effluents d'une population qui se multiplie par 100 pendant l'été, la destruction quasi rituelle par le feu de la faune et de la flore dans le Midi et en Corse, sont vécus comme des calamités inévitables.

En conclusion

Le management durable doit évoluer d'un respect minimal des lois et des règlements vers une attitude de responsabilité à moyen et à long terme.

Ce devoir n'est ni fondé sur une idéologie, ni sur le respect des lois, mais sur l'intérêt égoïste bien compris de chacun.

Sans accord sur le pourcentage des charges financières de l'avenir, il n'y aura pas d'avenir.

Cet avenir ne se joue pas au niveau de la médiatisation de quelques gloires éphémères, mais au niveau de chaque responsable d'entreprise ou d'administration, responsable de son budget.

C'est au niveau des budgets individuels que se joue le sort de la planète.

EXEMPLE   **UNE RESPONSABILITÉ INDIVIDUELLE**

A Singapour, laisser un chien déféquer sur la voie publique ou jeter négligemment des papiers gras ou des canettes à terre, vaut une amende de 15 000 dollars Singapour ou 15 jours de prison, au choix.

En comparaison, en France, après chaque saison touristique, des bénévoles respectueux de la nature s'affairent pendant quinze jours à déblayer les décharges sauvages tout au long des côtes méditer-ranéennes et atlantiques. Et au vu du type de détritus et de déchets (cuvettes de WC, baignoires fêlées, miroirs cassés, appareils de chauffage rouillés, sommiers enfoncés…) qu'ils évacuent, il ne s'agit pas de déchets que nos amis belges, hollandais, britanniques ou allemands auraient laissé en quittant leurs lieux de vacances... Mais pourquoi donc n'apprend-on pas à tous les Français le b.a.-ba du civisme qui est de respecter autrui en évitant de polluer de façon irresponsable ?

Ce qui nous emmène irrémédiablement au problème de l'éthique et du risque moral.

Le risque moral

La moralité laïque et humanitaire est fondamentale dans les évaluations de la bonne gouvernance et du management durable. Le développe-ment durable et son expression pratique, le management durable, n'ont de sens que s'ils ont une dimension éthique, qui n'a jamais été explicitée dans la gestion des entreprises et des organisations et qui se résume finalement à des règles de bonne gouvernance assez simples :

- **Le respect absolu de la vie humaine dans le travail, de la dignité de cette vie et des biens et des moyens économiques et culturels produits par ce travail.**
- **Le calcul, y compris à long terme, c'est-à-dire dépassant au moins sa propre génération, des impacts sociaux, environ-nementaux et économiques des décisions prises en matière d'investissements industriels, tertiaires et de maintenance et d'entretien.**

- L'optimisation, par la recherche et le développement assortie de scénarios de réversibilité, des résultats économiques et financiers à très long terme, c'est-à-dire dépassant la période de la génération aux commandes.

- La gestion responsable du patrimoine écologique et culturel, de façon non seulement à transmettre aux générations futures ce que nous aurons reçu, mais aussi de réparer les erreurs de générations qui nous ont précédés.

- Le respect de la dignité humaine, des femmes et des hommes à un niveau d'égalité, d'intelligence et de compétence.
  J'ai conscience que certaines cultures ne peuvent pas se reconnaître dans ce cinquième précepte du management durable, la femme n'étant pas considérée comme l'égale de l'homme. Pourtant, la mise en œuvre du management durable suppose de respecter de façon claire l'égalité des races, des religions et des sexes, et refuser absolument la domination de l'un d'entre eux.

- La formation à l'intégration dans la communauté mondiale.
  Le management durable suppose un véritable PLAN MARSHALL de formation et d'intégration de l'immigration passée, présente et future dans l'Union européenne. Ce plan coûtera probablement de l'ordre de 5 % du PIB de l'ensemble de l'Union européenne, il s'étalera sur trois générations, 2010 à 2100, mais il s'imposera, de gré ou de force, comme seule solution au déséquilibre Nord-Sud de la planète.
  Le management durable ne doit pas seulement prendre en compte le facteur essentiel de la vie économique et sociale de l'Union européenne dans le siècle qui s'annonce, mais aussi calculer les coûts et les bénéfices d'un tel programme de formation et d'intégration. Cela sera difficile pour des raisons électorales à très court terme pour les élus politiques, mais doit être réalisable pour tous les responsables économiques qui en feront l'objet de leur politique et de leurs objectifs et cibles à long terme.

- Comportement.
  Le respect de l'autre implique le respect de son environnement et un comportement qui tend non seulement à le préserver, mais là où c'est possible, à l'améliorer.

La responsabilité individuelle par rapport au bien collectif est au cœur même de l'éthique du management durable. Il est plus important de ramasser et mettre à la poubelle un papier gras d'un parc ou jardin, que de signer toutes les pétitions contre les OGM sur la voie publique.

Le risque de négociation

Les intérêts économiques des uns ne sont pas ceux des autres, le pouvoir social et l'influence des uns sont nécessairement opposés à ceux des autres, l'idéologie, c'est-à-dire l'idée de ce que devrait être l'environnement des uns, n'est pas celle des autres.

Attention

La récente négociation, jusqu'aux plus hautes instances de l'État, concernant l'autorisation ou non d'abattre des loups, de sauvegarder des arbres ou d'introduire des ours dans notre environnement est une illustration du risque que court le management durable à tout moment : celui de la négociation fragilisée et réduite à des faits divers, au cours de laquelle la rationalité n'est que rarement gagnante.

Comme toute négociation, l'issue est non seulement incertaine, mais dépend de rapports de forces qui échappent pour l'essentiel à une gestion rationnelle des problèmes.

EXEMPLE   **LA FACTURE ERIKA**

Il semble logique que les hydrocarbures, pompés à grands frais de l'épave de l'ERIKA, au large de la Bretagne et désormais stockés sur une bâche étanche à Dombes, soient traités et neutralisés, ce qui est techniquement possible.

Seulement voilà, passée l'urgence de la marée noire, et le désordre étant circonscrit de façon plutôt heureuse, notamment par la mobilisation des services publics de la DDE (Direction départementale de l'Equipement), qui payera la facture des évènements à venir ? C'est-à-dire le traitement et l'élimination de 35 000 tonnes de fuel lourd, stockés en lieu sûr (les bâches étanches ne sont pas éternelles), en attendant la fin des négociations sur les responsabilités financières entre les différentes parties intéressées, dont l'État français, l'affréteur, l'armateur, etc.

Le capital risque

Les fonds de pension anglo-saxons ont donné naissance à des offi-cines de « rating » ou cotation, des grands groupes industriels et sociétés tertiaires, fondées autant sur des critères sociaux et environ-nementaux, que sur des critères de performance financière.

Tendance actuelle

Aujourd'hui, un courant d'opinion international se dégage, pour lequel les critères de choix d'investissements ne se résument plus aux taux de rentabilité des capitaux investis, mais tiennent compte et vérifient les performances sociales et environnemen-tales des activités dans lesquels leurs fonds sont investis. Ce mouvement vertueux, n'a certes pas encore le poids du Nasdaq, du CAC 40 ou du Nikkei, mais il démontre clairement que les investisseurs commencent à s'intéresser aux aspects sociaux et environnementaux des activités dans lesquelles leurs fonds sont engagés.

Provisions/Assurances

Les compagnies d'assurances ne se contentent plus d'évaluer le risque financier des activités, des investissements ou des biens qu'elles couvrent : le risque social et environnemental des activités indus-trielles et commerciales entrent désormais de plain-pied dans le calcul des primes.

Des cellules spécialisées en droit social et en droit de l'environnement, inspection locale à l'appui, peuvent aller jusqu'à la suspension ou au refus de couverture, dans le cas de suspicion d'utilisation de main-d'œuvre clandestine sur des chantiers, de bateaux ou d'avions, non conformes aux normes d'inspection internationales, d'atteintes mani-festes de l'activité à l'environnement…

Les provisions pour risque de passif environnemental ou social, imposées par les commissaires aux comptes et/ou par les compagnies d'assurances sont ainsi devenues, en l'espace d'une dizaine d'années, le casse-tête non seulement des grands opérateurs industriels, mais également des opérateurs du tertiaire, notamment des banques, du tourisme et des transports aériens.

Études d'impact

L'obligation légale de l'étude d'impact, pour tout ouvrage susceptible d'altérer durablement l'environnement est générale dans le monde occidental et est imposée dans le monde entier par la Banque mondiale et le FMI, comme condition préalable à tout financement.

De façon générale, on ne peut que regretter que les obligations légales, tant au niveau international que national et régional, ne concernent que les impacts à court terme et non à très long terme, sur l'environnement – faune, flore et aménagement du territoire – et ne concernent absolument pas le chiffrage financier des retombées socio-économiques pour les générations à venir.

EXEMPLE   **LE BARRAGE DES TROIS-GORGES**

En Chine, l'impact du BARRAGE DES TROIS-GORGES sur la faune, la flore et le climat a fait l'objet de plusieurs études savantes. Mais l'impact à très long terme du déplacement forcé de 5 millions de riverains a tout au plus donné lieu à des constructions à la hâte d'HLM le long de l'immense lac qui résultera de la retenue des eaux, pour reloger à la hâte toute une population déplacée… Des foyers idéals pour la criminalité, organisée ou non, pour la génération à venir.

Personne, ni au niveau international (FMI, Banque mondiale) ni au niveau du gouvernement central ou du Parti communiste chinois, ne s'est posé la question de l'impact social à très long terme d'un tel bouleversement socio-économique et écologique du Yangzi Jiang.

En conclusion

Le management durable tente de gérer, dans la durée. les aspects économiques, sociaux et environnementaux comme un ensemble cohérent. Tout en sachant que ces trois domaines sont au moins partiellement conflictuels et qu'il faut, à tout moment, pondérer les enjeux en cause et choisir la solution du très long terme. Cela demande des négociations, des compromis et des décisions qui seront inévitablement contestées par l'une ou l'autre des parties intéressées.

LE BARRAGE DES TROIS-GORGES en Chine, à mon sens, est une erreur économique, écologique et sociale. Mais seuls des indicateurs financiers pourraient nous permettre d'étayer cette affirmation.

Cependant les précédents catastrophiques des impacts négatifs, et dont on commence seulement aujourd'hui à avoir une idée du coût de la compensation, du BARRAGE D'ITAIPÚ construit sur le Paraná et celui D'ASSOUAN à l'origine du lac Nasser, celui de L'INGA sur le fleuve Congo auraient dû alerter les autorités chinoises. Deux générations seront nécessaires pour constater les dégâts économiques, écologiques et sociaux, du barrage chinois DES TROIS-GORGES.

Chapitre 3

Cahier des charges des indicateurs financiers pour le management durable

Plusieurs problèmes se posent, que les écoles économiques classiques n'abordent que rarement :

- Comment identifier des indicateurs communs aux champs social, environnemental et économique, que le management durable a l'ambition de couvrir ?
- Comment établir un langage et un lexique commun entre des disciplines scientifiques aussi éloignées historiquement que la psychosociologie et l'économie de l'organisation et – la plus jeune d'entre ces disciplines – l'écologie de l'organisation ?

Pour les aspects et les impacts économiques, la cause est entendue depuis que les peuples nomades, quelque part entre le cinquième et le deuxième millénaire avant notre ère, selon les continents, ont inventé le troc.

Quel que soit l'unité appliquée – livres de riz ou nombre de buffles, d'esclaves ou de femmes échangées chez les Han de Chine, les coquillages chez les Peuls d'Afrique, l'euro dans notre toute jeune Union européenne, il s'agit toujours de calculer et de négocier les valeurs des biens et des services échangés en termes quantifiés.

Lorsque cette quantification du troc passe par l'intermédiaire d'une unité monétaire, on parle de monétarisation.

Et dès que cette monétarisation devient une discipline de gestion du troc, cela s'appelle le management financier.

La simplicité biblique de ce système de troc millénaire est à la fois une bénédiction pour l'économie mondiale, dans laquelle notre génération est intégrée, de gré ou de force, et un risque majeur de réduction de la réalité de la vie des organisations à son expression la plus simple, ses résultats financiers ici et maintenant.

Les exigences d'intégrer d'une part le long terme, d'autre part la dimension sociale et la dimension environnementale dans les calculs de gestion, invalident à jamais la pertinence d'une gestion financière et économique à court terme des entreprises et des organisations.

Bien évidemment, des dirigeants prédateurs, qui ne font que passer, avides d'engranger des bénéfices mirobolants, que payeront leurs successeurs, continueront à sévir, dans les entreprises comme dans les services et administrations.

Mais le management durable suppose aussi une responsabilisation à long terme des résultats financiers, sociaux et environnementaux d'une entreprise ou d'une organisation.

Démarche volontaire ou obligation règlementaire?

Il ne serait pas inconcevable d'imposer aux entreprises cotées et aux organisations subventionnées des plans de management durable à long terme (5 ans minimum), pour lesquels les dirigeants seraient personnellement responsables.

Mais pour ce faire, il faudra des indicateurs qui intègrent les dimensions économiques, sociales et environnementales de l'entreprise ou de l'organisation. Les seuls indicateurs, qui couvrent à la fois le passé, le présent et le futur et le champ social, économique et environnemental, sont les indicateurs financiers.

Intégrer les dimensions économiques, sociales et environnementales dans un seul faisceau d'indicateurs

Qu'est-ce qu'un indicateur ?

Nous appelons indicateur, le **constat** à un moment t, ou lors d'une période p, sur une **échelle donnée**, de la **situation** de l'**activité**, de l'**état** et/ou de l'**impact** d'une **organisation**, dûment **quantifié, enregistré** et **traçable**.

- Le **constat** suppose l'existence d'une **échelle donnée**, qui lui permet d'être **quantifié, enregistré** et **traçable**.
- L'**échelle donnée** suppose l'existence d'un **référentiel**, dont les **prémices** sont clairement **énoncées** et **vérifiables**.
- La **situation** suppose une prise de conscience, réalisée par des moyens référencés, enregistrés et traçables.
- L'**activité**, l'**état**, et/ou l'**impact** supposent respectivement les actes volontaires, la nature et les conséquences dus à l'existence même de l'organisation.
- L'**organisation** constitue l'ensemble des moyens humains, matériels et immatériels utilisés pour transformer les ressources.

Cette organisation, par définition, n'est ni immuable, ni homogène, elle peut :

- S'étendre, se rétrécir, ce qui pose le problème de la pérennité du périmètre de l'organisation, et par conséquent de la pertinence des indicateurs dans le temps.
- Changer d'objet, ce qui exige des analyses réitérées qui soulèvent le problème de la consolidation des indicateurs qualitatifs et, par conséquent, quantitatifs.
- Se développer à travers des cultures, des systèmes politiques et des contraintes légales, qui nécessitent une adaptation locale, tout en gardant la possibilité d'établir des indicateurs transversaux et mondiaux.

Par conséquent, il faut distinguer les indicateurs d'organisations et d'entreprises d'une stabilité certaine, de par leur implantation locale et réduite à quelques métiers, et ceux des organisations et surtout des groupes industriels, connaissant des modifications rapides de périmètre et de métiers.

Faire de l'indicateur un outil d'analyse

Éclairer l'avenir, grâce à la connaissance du passé ; c'est ce qui donne son sens à l'indicateur. Comme outil d'analyse, il doit permettre :

- Le retour sur expériences, y compris malheureuses, du passé ;
- La gestion au jour le jour du court terme ;
- L'établissement du plan à moyen et long terme, fondé sur l'anticipation à partir des expériences du passé.

Éviter le piège de l'indicateur non opérationnel

La plupart des indicateurs, que l'on retrouve notamment dans les rapports annuels environnementaux ou dans les rapports sociaux, ne sont ni des outils de retour sur expériences, ni des outils de gestion, ni des outils d'anticipation ; il s'agit « d'indicateurs » non opérationnels.

On pourrait – dans une moindre mesure, vu le carcan légal – trouver les mêmes exemples pour les indicateurs économiques que contiennent les comptes de résultats et les bilans financiers. Rares sont les bilans, même dans les secteurs à haut risque industriel, où l'on trouve soit les provisions, soit une dépréciation du patrimoine immobilier pour cause de risque de pollution.

EXEMPLE　　**INDICATEURS NON OPÉRATIONNELS**

Indicateurs sociaux

« x accidents de travail/an »
Il s'agit d'un « indicateur » inutilisable. Il manque :
– **le référentiel** : Qu'appelle-t-on un accident de travail ?
   ● la définition légale française, américaine, allemande, etc. ?
   ● le nombre d'accidents avec arrêt de travail ?
   ● le nombre de blessures et cas traités en infirmerie ?

– **l'échelle**
   ● accident mortel,
   ● accident provoquant incapacité,
   ● accident provoquant arrêt,
   ● accident sans conséquences,
   ● quasi-accidents.

– **la situation**
Quel type de prise de connaissance ?

– **l'activité, état et/ou impact**
Un accident dû à l'activité n'a rien à voir avec celui dû à l'impact volontaire ou involontaire de l'organisation ou des défaillances des investissements.

Indicateurs environnementaux

« y μg/m^3 de trichloréthylène dans les sous-sols »
Il s'agit d'un indicateur inutilisable. Il manque :
– **le référentiel**
   ● Quelle signification par rapport à des seuils normatifs légaux ?
   ● Quelle signification par rapport à des objectifs de l'organisation ?
   ● Quel impact sur la nappe phréatique ?

– **la situation**
   ● Quels moyens utilisés pour l'éliminer ?
   ● Quel niveau d'EDR[1] est exigé ?
   ● Quel niveau de fiabilité et de mesurabilité ?

---

1. EDR : Étude détaillée des risques.

– l'activité, état, impact
  - Présence due à l'activité, à l'état du terrain, à un impact ponctuel ?
  - Quelle amplification, par rapport au bruit de fond ?

Indicateurs économiques

« L'investissement en HSE[2] représente 4,5 % du chiffre d'affaires en 2005 »
Cet « indicateur » est inutilisable. Il manque :
– le référentiel
  - S'agit-il de mise en conformité légale ?
  - Quelle est la part d'amélioration de performances ?
  - Quel est le bilan coûts/bénéfices des investissements ?

– la situation
  - Quels critères ont déterminé le caractère HSE des investissements ?
  - Qui, par quel moyen de prise de connaissance, a décidé qu'il s'agit d'investissements HSE ?
  - Quel contrôle/audit indépendant ?

– l'activité, état, impact
  - Amélioration de la performance des activités ?
  - Résorption du passif environnemental ?
  - Lancement d'une filière reprenant les activités dangereuses pour la santé et l'environnement ?

Établir des indicateurs opérationnels et crédibles

Les indicateurs de management durable, pour être opérationnels et surtout crédibles, doivent répondre au cahier de charges suivant :

Rigueur

Le constat doit être incontestable et vérifiable.

Simplicité

Le seul système de lecture de l'organisation qui soit opérationnel est celui qui répond au principe anglo-saxon : *KISS*

---

1. HSE : Hygiène, Sécurité, Environnement.

Keep
It
Simple
Stupid

Traduction : restons simples et, si nécessaire, paraissons bornés. Le langage le plus simple, peut-être borné, mais efficace, est celui des chiffres.

Transversalité

Les trois domaines que couvre le management durable font appel à des disciplines d'une extrême diversité, chacune disposant de son langage et de son lexique propre. Le problème est de trouver le dénominateur commun entre ces disciplines. Le seul dénominateur commun est le langage des chiffres.

Quantification et traçabilité

La quantification est la seule méthode qui permet de mesurer l'évolution de l'organisation. Encore faut-il que la traduction en chiffres soit acceptable par toutes les parties intéressées et par conséquent, soit traçable. La seule traduction traçable est celle qui se réfère à des termes financiers.

Polyvalence

Les indicateurs doivent répondre aux multiples utilisations que requièrent la gestion, la négociation, l'organisation, la communication, la prévision et la prospective de l'entreprise. Le seul dénominateur commun est le dénominateur financier.

Prévenir du danger réducteur des indicateurs financiers

Utiliser les indicateurs financiers comme il est préconisé tout au long de cet ouvrage, pour le développement durable, n'est pas réduire celui-ci à sa seule dimension économique. Bien au contraire il s'agit de traduire en termes financiers les impératifs sociaux et environnementaux, de façon à les mettre de plain-pied avec les exigences économiques.

Mais le danger réducteur existe et existera toujours, au niveau macro-économique et micro-économique :

Prévenir au niveau macro-économique du danger réducteur des indicateurs financiers

Le problème au niveau macro-économique est que les indicateurs de mesure, qui sont financiers, ne prennent en compte que la partie de la réalité que connaissent leurs utilisateurs, soit le domaine économique.

Au niveau des instances monétaires internationales, Banque mondiale, BCE, Federal Reserve, FMI… ce sont des analystes **financiers** qui imposent leurs grilles de lecture **financière** et de ce fait, arrivent à des décisions d'optimisation **financière**. Cette analyse financière, de par le manque de langage commun avec les spécialistes du social et surtout de l'environnement, se borne à analyser l'économique sans même prendre en compte les aspects technologiques et encore moins les aspects sociaux et environnementaux.

EXEMPLE   **LE RISQUE RÉDUCTEUR DU LANGAGE FINANCIER**

La marche forcenée vers une économie de marché de la Chine Continentale se justifie amplement par des projections **financières**, exprimées en termes **financiers**, dans lesquels le seul langage utilisé est celui des chiffres, et où les dégâts « collatéraux » sociaux et environnementaux ne sont qu'accessoirement pris en compte. Et pourtant, les dégâts sont immenses, cette marche accélérée démultipliant les inégalités sociales, développant une économie parallèle mafieuse, et engloutissant pour ce qui est du projet pharaonique du BARRAGE DES TROIS-GORGES les richesses naturelles et culturelles d'une civilisation précurseur de l'âge du bronze sur un territoire grand comme le Benelux !

Comment se fait-il que mes amis chinois soucieux des retombées sociales et environnementales de ce qui devrait être en 2009 la plus grande centrale hydroélectrique du monde n'aient jamais pu faire entendre leur voix ? Cela ne tient ni à la nature peu démocratique du régime, ni à un manque de sensibilité des responsables politiques et techniques du projet vis-à-vis des problèmes « collatéraux » que sont la beauté et la densité sociale des rives qu'ils s'apprêtent à inonder, mais simplement au fait qu'ils n'ont pas les outils pour mesurer la beauté et la laideur, le bonheur et le malheur.

Ces outils étant exclusivement économétriques, le projet des Trois-Gorges ne pouvait qu'être mesuré en termes économétriques.

Le déplacement de cinq millions de foyers, la destruction d'un pays chanté depuis trois millénaires n'est pas dû à l'ignorance. Ils sont simplement dus au fait que les réalités économiques, sociales et environnementales ne disposent pas d'un langage commun et que le seul langage qui soit compréhensible est le langage financier – mais exclusivement appliqué à son domaine d'origine, à savoir, l'économie.

Ainsi, au niveau macro-écologique, le développement durable souffre d'une évidente incompréhension, quant à son langage social et surtout son langage environnemental, en Chine, en Europe, en Amérique du Nord et du Sud, en Asie, comme en Afrique.

Certes, tout projet de développement soumis à la Banque mondiale pour financement doit être étayé par une étude d'impact en termes sociaux et environnementaux. Mais en dernier ressort, l'étude d'impact revient à estimer les coûts, et à se référer à des indicateurs **financiers** évalués par des personnes éloignées de la réalité sociale et environnementale.

EXEMPLE   LE COÛT DES DÉSASTRES ANNONCÉS

La folie environnementale et sociale qu'est le LAC NASSER, la retenue formée sur le Nil par le BARRAGE D'ASSOUAN, ont épargné les temples d'Abou-Simbel en les déplaçant. Mais hormis cette exception à la règle du tout financier, aucun ingénieur soviétique, et encore moins les ingénieurs et bureaucrates égyptiens, n'ont voulu ou pu calculer l'impact social et environnemental de leur décision à long terme. Et la BANQUE MONDIALE a donné sa bénédiction.

Parce que le projet économique était énoncé en termes financiers, le seul langage utilisé au niveau mondial, les paramètres immédiats appliqués étaient financiers. Mais tellement réducteurs, qu'ils ne tenaient compte en rien de l'écosystème et des biotopes que constituaient les crues du Nil, ni de l'affluence parfaitement prévisible de la sédentarisation autour du LAC NASSER.

> Moins de cinquante ans après sa construction, le BARRAGE D'ASSOUAN est en train de devenir, avec le BARRAGE DES TROIS-GORGES et le BARRAGE D'ITAIPÚ, l'un des désastres écologique, social et économique, annoncés du XXIe siècle.

> Le coût de la remédiation sera largement supérieur au bilan coûts/bénéfices de chacune de ces œuvres pharaoniques, calculé en termes financiers.

Ceux qui payeront la remédiation ne sauront même pas que Nasser, Khrouchtchev, Deng Xiaoping, Médicis et Stroessner, les décideurs politiques qui sont à l'origine de ces désastres économiques, sociaux et environnementaux, seront morts et oubliés depuis des lustres.

Pourquoi cet aveuglement dans la prise de décision au niveau macro-économique ? Parce que les dimensions sociales et environnementales ne sont pas exprimées en termes financiers et deviennent ainsi un ajout « sympathique », mais embarrassant aux calculs macro-économiques « sérieux ».

Éviter au niveau micro-économique le danger réducteur des indicateurs financiers

Au niveau micro-économique, ce même danger réducteur existe. Prenons un exemple dans l'aménagement du territoire.

EXEMPLE LA COUVERTURE DE L'A1 EN SEINE-SAINT-DENIS

> L'horrible cloaque à embouteillages, qui servait aux voitures de sortie de Paris par l'axe Paris-Bruxelles existait depuis les années POMPIDOU du tout automobile (début des années 70). Il a été couvert de dalles de béton à l'occasion de la Coupe du Monde et de la construction adjacente du Grand Stade de France trente ans plus tard.

> La qualité de l'air n'y a pas gagné grand-chose, étant donné que des puissants ventilateurs évacuent désormais le CO, NO_x et les MES des véhicules vers l'air libre en bout de tunnel. Néanmoins, il est incontestable que la qualité de vie des riverains y a gagné de façon considérable.

Il est facile d'établir un indicateur coût/bénéfice de cette opération de revalorisation **pour les riverains actuels.** La diminution du bruit, la réduction des émanations gazeuses, l'établissement d'une aire de loisirs et d'un jardin au-dessus de la dalle de béton… sont quelques-uns des avantages conquis, quantifiables et traduisibles en indicateurs environnementaux spécifiques, à partir du simple calcul du coût de la couverture.

Il en va tout différemment, lorsqu'on analyse l'opération dans le sens d'un calcul du développement durable :

- Ces immeubles mitoyens de l'autoroute, socialement et économiquement indésirables lorsque celle-ci n'était pas couverte, ont été la proie des spéculations immobilières avant même que la première plaque de béton de couverture ne soit posée.
- La revalorisation de l'espace s'est accompagnée d'un ravalement, voire d'une valorisation du quartier, provoquant des expulsions massives, légales ou sous la contrainte de loyers révisés en forte hausse.

Ces dégâts « collatéraux » n'enlèvent rien au mérite d'avoir revalorisé le quartier, mais une gestion fondée sur les principes du développement durable aurait immédiatement identifié les intérêts socio-économiques contradictoires et aurait permis de prendre des mesures d'accompagnement en conséquence.

La négociation de ces intérêts contradictoires n'aurait en rien entamé le pouvoir de décision finale des élus et des autorités, mais elle aurait permis d'imaginer et de trouver des solutions où l'intérêt environnemental, lié à l'intérêt économique n'écrase pas l'intérêt social.

En conclusion

Loin d'être des instruments réducteurs de la réalité, comme très souvent c'est le cas, il faut considérer les indicateurs financiers comme les seuls qui permettent une approche holistique du développement durable.

A quoi servent les indicateurs ?

A quoi servent les indicateurs de développement durable, dans l'entre-prise et l'administration ?

Nous avons vu qu'il serait possible, en se fondant sur l'analyse coûts/bénéfices des différents référentiels économiques, sociaux, environne-mentaux, d'établir un seul système cohérent d'indicateurs financiers pour les trois domaines. Encore faut-il identifier ce que l'on demande aux indicateurs de développement durable, de façon à vérifier qu'ils correspondent bien aux **finalités** de leur utilisation.

Les indicateurs, quel que soit le référentiel sur lequel ils sont fondés, servent quatre finalités dans la gestion de l'entreprise et de l'administration : la gestion, l'organisation, la communication et la prévision/prospective.

La gestion

Gérer le temps

Les indicateurs permettent de tracer l'évolution dans le temps, dans une entreprise ou administration à périmètre défini, de la performance dans les domaines économique, social et environnemental.

> **EXEMPLE ACIÉRIE**
>
> L'évolution simultanée dans une aciérie de la productivité (énergie, eau et matières premières par tonne d'acier produite), de la mise en place d'investissements de productivité, de réduction d'émissions, de recyclage de boues, de consommation d'eau et d'effluents liquides, d'investissements visant la diminution d'accidents de travail, calculée en nombre d'heures perdues.

Gérer l'espace

Les indicateurs permettent de tracer l'évolution dans l'espace d'orga-nisations subissant des modifications importantes de leur périmètre, dû à des acquisitions, cessions ou cessations d'activités.

EXEMPLE   **RADIATEURS AUTOMOBILES**

La diminution des émissions de CO_2, des risques de maladies professionnelles et des coûts de mise en décharge des déchets, dus à l'externalisation des opérations de dégraissage/cadmiage dans une unité de fabrication de radiateurs automobiles.

Comparer les performances au sein d'un groupe industriel

Les indicateurs permettent de tracer la performance comparative entre différents établissements d'une seule organisation.

EXEMPLE   **DÉCHETS INDUSTRIELS SPÉCIAUX**

La production comparative de DIS (déchets industriels spéciaux) par tonne de peinture d'un établissement à un autre dans un groupe spécialisé en peintures industrielles ;

Le nombre de non-conformités légales ou par rapport aux normes internes, d'un établissement à un autre.

L'organisation

Suivre l'évolution de la maîtrise de gestion

Les indicateurs permettent de tracer l'état d'avancement et de formalisation de la gestion du management durable dans l'organisation d'une entité à périmètre constant d'une année à l'autre.

EXEMPLE   **UNE DDE**

Progression de la mise en place d'un système de management environnemental ISO 14001 et d'un système hygiène et sécurité OHSAS 18000 dans une Direction départementale de l'Equipement (DDE).

Faire du benchmarking interne

EXEMPLE   **ÉQUIPEMENTIEL AUTOMOBILE**

Tracer l'état d'avancement de la mise en place d'un système de management de l'environnement certifié ISO 14001 et OHSAS 18001 à travers l'ensemble des établissements, au niveau mondial, d'un équipementier automobile.

La communication

Publier un rapport annuel

Présenter les comptes de résultats en termes financiers, sociaux et environnementaux aux actionnaires, au personnel et à toutes les parties intéressées.

EXEMPLE   **GROUPE CIMENTIER**

Rapports annuels sociaux et/ou environnementaux d'un grand groupe cimentier, intégré au rapport d'activités et au bilan annuel.

Établir un benchmarking inter entreprises

Comparaisons inter groupes et inter entreprises entre organisations ayant une même finalité de production de biens et de services.

EXEMPLE   **MAJORS DE L'ÉLECTRONIQUE**

Benchmarking environnemental et social des majors de l'électronique grand public au niveau mondial.

Prévision et prospective

Extrapoler les tendances

Les indicateurs permettent l'extrapolation des tendances, basée sur les courbes d'expériences, permettant les décisions engageant l'avenir à long et très long terme.

> **EXEMPLE — ÉTUDES D'IMPACT ET SCÉNARIOS**
>
> Étude d'impact d'un aéroport régional ;
>
> Identification des scénarios d'approvisionnement de production et de consommation d'énergie d'un groupe d'aluminium au niveau mondial.

Analyser les impacts des décisions sur le très long terme

Les indicateurs permettent l'analyse des impacts sociaux et environnementaux des décisions économiques et politiques à long et très long terme (2100).

Dépasser les barrières des langages et des lexiques

Se défendre de la multiplicité des langages et lexiques empruntés

S'attaquer à l'esprit de parti qui règne en matière d'environnement

La gestion responsable de l'environnement nécessite l'accès à des langages et des lexiques empruntés à la chimie, la biochimie, la physique, l'hydrogéologie, la faune et flore, la mécanique, l'électronique, l'ingénierie, le risk-management, la modélisation mathématique, l'analyse statistique, le juridique, l'économique… pour ne nommer que quelques-unes des disciplines indispensables à l'approche transversale que suppose cet aspect du développement durable.

Chacune de ces disciplines a développé ses codes, ses langages, ses lexiques, dont les spécialistes, comme dans toute discipline scientifique, font un rempart quasi inexpugnable contre l'intrusion de non-initiés. Fournissant au passage la preuve que l'environnement est « leur » domaine.

Expérience

Ayant eu la riche expérience d'être au contact d'auteurs potentiels d'une prestigieuse maison d'édition pour la collection « management environnemental », j'ai dû les convaincre que :

- *a) leur domaine de spécialisation était certes indispensable à la compréhension et à la maîtrise de la gestion de l'environnement, mais qu'il ne couvrait ni en exclusivité, ni en priorité, l'ensemble de la question.*
- *b) leur langage et leur lexique constituaient un outil de communication certes indispensable entre experts et spécialistes, mais n'étaient ni un sésame indispensable à ouvrir la porte d'un mythique environnement, ni surtout une garantie de maîtrise de sa gestion.*

Faire comprendre à un avocat spécialisé en environnement que les textes, certes sont au cœur des préoccupations environnementales, mais que le fait de ne pas connaître par cœur la loi BARNIER ne rend pas l'hydrogéologue inapte à juger que 0,05 µg d'arsenic dans la nappe phréatique ne pose pas de problème, demande beaucoup de patience et de pédagogie de la tolérance.

Faciliter les passerelles entre les disciplines en matière sociale

Il n'en va pas différemment des différentes disciplines de la psychologie, de la sociologie, du droit du travail ou de la médecine dans le domaine social du management durable.

S'y ajoutent des pratiques comme la négociation des conflits, l'administration du personnel, la formation permanente ou encore la sécurité, etc. Chacune de ces disciplines et pratiques nécessite un professionnalisme, qui mène inévitablement à des spécialisations et par conséquent, à des langages, dont le sens échappe souvent au non-initié.

Toutes sont indispensables à la bonne gouvernance des organisations, mais les ponts-levis entre les châteaux forts qu'elles occupent ne
sont pas toujours accessibles par le commun des mortels.

Expérience

*Lors des cinq années passées à la présidence du groupe Solex-
Zenith plc, j'avais instauré un comité de pilotage des ressources
humaines, au niveau du Royaume-Uni, de la Hollande, de la
France, de l'Italie, de l'Allemagne et de la Californie.*

*Le plus grand problème à surmonter n'était pas, comme on
aurait pu s'y attendre, la langue, mais bien le langage. Les ergo-
nomistes se comprenaient entre eux, les juristes également, les
psychologues plus ou moins, selon leur appartenance à des écoles psychanalytiques ou behavioristes, les sociologues dans la
mesure où ils appartenaient au même bord politique, et ainsi de
suite.*

*Ici, comme dans tous les domaines du management durable, le
problème était avant tout de surmonter les barrières que se font
les spécialistes du langage qui leur paraît le meilleur rempart
contre les intrus non initiés.*

S'efforcer de conserver un champ de vision élargi en matière économique

Enfin, en sciences économiques, les paramètres de la modélisation
pour expliquer le passé, gérer le présent et prévoir l'avenir sont d'une
multiplicité et d'une complexité à en donner le vertige au meilleur
intentionné des managers de l'entreprise ou de l'organisation.

Entre l'économétrie, les statistiques économiques, les études de
marché, les prévisions de vente et le calcul des besoins à moyen et
long terme, la stratégie marketing et celle qui consiste à prévoir les
besoins en équipements et services, la multiplicité des disciplines et
des pratiques mises en œuvre, ici encore donne lieu à une tour de
Babel des langages, qui entrave par définition une vision globale du
passé, du présent et de l'avenir.

Surmonter la complexité et la multiplicité des disciplines par une approche transversale

Le seul domaine environnemental du développement durable exige la mise en perspective d'une douzaine de disciplines scientifiques essentielles et les domaines économique et technologique en comptent probablement le double, ainsi que le domaine social qui comprend, ne l'oublions pas, la santé, la sécurité, les conditions de travail, les négociations entre intérêts et forces opposés à l'intérieur de l'organisation.

Chacune de ces disciplines mène à des applications, fondées sur leurs référentiels propres et par conséquent, génère des indicateurs, dont la prolifération, l'incompatibilité de langages et de lexiques et souvent les contradictions, ne laissent en l'état, que deux solutions :

- Première solution : se résigner à l'existence de cette véritable tour de Babel. Au pire, cette solution mène à une juxtaposition inexploitable de données partielles, au mieux, elle impose des choix ponctuels de référentiels et d'indicateurs dont la représentativité est hautement contestable.
- Deuxième solution : réduire la complexité inexploitable à un nombre limité d'indicateurs.

EXEMPLE   **LES TERRAINS DES ANCIENNES USINES RENAULT**

Trois référentiels différents au moins peuvent servir de base pour étudier l'aménagement des terrains des anciennes usines Renault à Boulogne-Billancourt :

- **L'environnemental** : jusqu'où faut-il pousser les analyses de pollution des sols et la remédiation, de façon à garantir une mise à disposition des terrains sans pollution aux futurs occupants ?

Les référentiels sont de l'ordre hydrogéologique (présence de polluants dans les sols), mécanique et technique (renforcement des berges et accessibilité) ; ils concernent la faune et la flore (impact sur le fleuve et les berges), l'hygiène et la sécurité (sensibilité des futures occupations des sols), etc.

Les riverains, les associations de protection de l'environnement exigent, à juste titre, des indicateurs qui démontrent la maîtrise de la dépollution et la garantie de mise à disposition sans risque, ni pour l'environnement, ni pour la santé humaine.

- **L'économique** : le dépistage et l'élimination non seulement ont un coût, mais celui-ci est dépendant du périmètre que l'on se fixe :
  - S'agit-il des terrains ou également de la nappe phréatique, qui dépasse de loin le périmètre ?
  - Les voies d'accès, à la fois du réseau routier que du fleuve, sont elles comprises dans le calcul du management durable des terrains ?
  - L'impact économique des activités pendant les travaux, mais aussi le résultat de ceux-ci escompté à moyen et long terme, doivent-ils être inclus dans le calcul de rentabilité global ?

Le propriétaire Renault, mais aussi les futurs aménageurs, s'alarment à juste titre de ces coûts et de leur répercussion sur les projets et exigent donc une lecture en termes d'indicateurs économiques et financiers.

- **Le social** : quel est l'impact sociologique, non seulement sur les populations riveraines actuelles (évolution des niveaux de revenus), mais futurs (type d'établissements publics, d'infrastructures) ?

Les pouvoirs publics et les élus de la ville s'inquiètent, à raison, des impacts sur la population actuelle et la recomposition sociale qui aura lieu. Ils exigent par conséquent une lecture en termes sociométrique, urbanistique, environnemental et économique.

En conclusion

Les trois lectures concernent la même réalité qui s'appelle « aménagement des terrains Renault ». Si on n'arrive pas à en faire la synthèse, elles mèneront inévitablement à des interprétations conflictuelles de cette réalité, et par conséquent, à une négociation dont l'issue dépend davantage du rapport de forces que du souci de management durable.

Dans les deux cas, la pertinence des indicateurs, quelle que soit la finalité que l'on poursuit à travers elles, est hautement contestable. Et contesté. Les seuls indicateurs transversaux qui peuvent donner un socle commun à ces trois réalités très différentes, sont les indicateurs financiers.

Les limites des indicateurs quantifiés et de la traçabilité

Indicateurs et réalité

Les indicateurs du management durable ne seront jamais que des aides à la perception comparative, dans le temps et dans l'espace, de la réalité complexe de notre biosphère humaine.

Une carte Michelin d'un département français ne remplacera jamais le paysage, la vie, l'économie, la culture et les biotopes du territoire ainsi cartographié. Mais la carte Michelin est indispensable pour y trouver son chemin.

De même, les indicateurs financiers du management durable constituent-ils une carte mais ne sauraient en aucun cas prétendre en être le paysage.

Nombre d'éléments de notre organisation économique, sociale, culturelle et environnementale ne sont pas quantifiables.

Comment mesurer le non quantifiable ?

Le fondement même d'un indicateur est qu'il s'applique à une réalité mesurable et, par conséquent, quantifiable.

Ici encore, se dresse un obstacle de taille sur le chemin d'un système d'indicateurs de management durable :

EXEMPLE D'UNE RANGÉE DE PRUNIERS À NOTRE-DAME

Il est facile de quantifier le montant de CO_2, NO_x, SO_2, plomb que rejettent les mobylettes de mon voisin le restaurateur fast-food de pizzas (indicateur environnemental), de calculer les comptes de résultats de son activité (indicateur économique), et de tenir les statistiques des accidents de circulation, des salaires et des primes de ses livreurs (indicateurs sociaux). Mais comment quantifier l'existence du jardin avec sa rangée de pruniers devant lequel nous sommes tous les deux voisins ?

À plus vaste échelle, comment quantifier l'existence de Notre-Dame ou celle de la forêt de Fontainebleau ? Il suffit de raser notre jardin et Notre-Dame pour y édifier des HLM ou construire des parkings, de faire de même avec la forêt de Fontainebleau, pour y planter du maïs ou du soja ; au moins disposerait-on de données quantifiables, tant du point de vue économique, social, et avec un peu d'effort peut-être même environnemental, et pourrait-on même en calculer la contribution au PIB de la France... Mais quantifier Notre-Dame en l'état ?

Comment déterminer la traçabilité?

Un autre obstacle est la définition de la traçabilité. Si on se donne la peine d'établir des indicateurs, c'est pour les suivre dans le temps et dans l'espace. En clair, laisser une trace. Ceci pose le problème en termes d'espace et de temps.

Traçabilité dans l'espace

En ce qui concerne l'**espace**, le problème est d'identifier les indicateurs qui tiennent compte de la diversité, voire des antagonismes entre les régions, les pays et les continents.

Même dans un seul pays, le législateur ne tient que rarement compte de ces diversités, ne fut-ce qu'au niveau (environnemental) des climats : en France, la norme de la température de rejet des eaux industrielles est uniforme (30 °C), que ce soit à Lille, Montpellier, Fort-de-France ou Saint-Louis de la Réunion ... Au niveau international, la prise en compte du facteur espace dans ses dimensions sociale, économique et environnementale, reste à inventer.

EXEMPLE   **TENIR COMPTE DE LA DIVERSITÉ**

Dans la sylviculture

Peut-on tracer les mêmes indicateurs économiques, sociaux et environnementaux dans un groupe industriel de pâte à papier en Scandinavie, au Brésil, au Canada et en Malaisie ?

  ● Au Brésil et en Malaisie, la pâte à papier se fait à partir de forêts d'eucalyptus, des arbres qui arrivent à maturité en sept ans.
  ● Au Canada et en Scandinavie, la pâte à papier se fait à partir de forêts de résineux, des arbres qui arrivent à maturité en quinze ans.

L'avantage **économique** de l'hémisphère Sud par rapport à l'hémisphère Nord est évident, à première vue. Sauf qu'au niveau **environnemental**, l'eucalyptus a l'inconvénient d'être un insecticide et les insectes sont, comme chacun le sait, la nourriture essentielle des oiseaux. Une forêt uniforme d'eucalyptus devient ainsi un désastre écologique.

Par conséquent, une entreprise comme Aracruz Celulose, au Brésil, a le droit de planter des eucalyptus, uniquement par lots interposés, sur 70 % de ses terres, le reste étant obligatoirement occupé par des plantations de feuillus natifs, parfois même régénérés par clonage d'espèces disparues.

L'IBAMA (l'équivalent de ce que serait en France à la fois la DRIRE – Direction régionale de l'industrie, de la recherche et de l'environnement – et l'ONF – Office national des forêts) veille au strict respect de cette règle 70/30 de plantation.

Au niveau **social**, les efforts financiers faits pour l'éducation et la santé, par la même société Aracruz, ne doivent pas être comptabilisés dans les comptes de leurs homologues et concurrents canadiens et scandinaves, puisque dans l'hémisphère Nord, c'est la collectivité qui les prend en charge.

Dans les services

Sachant que les législations, notamment sur les aspects sociaux et environnementaux sont divergentes, comment trouver une base commune, qui donne un sens à la traçabilité des indicateurs de conformité légale, de gestion responsable du territoire, de la faune et de la flore sur les cinq continents que couvrent les activités touristiques du Club Méditerranée ?

En conclusion

Sans dénominateur commun, accepté et acceptable au niveau de la globalisation mondiale, il est impossible d'appliquer des indicateurs qui soient des véritables outils de gestion et de prévision, voire de prospective.

Environnement, vie sociale et vie économique correspondent à une réalité diversifiée à un moment t, dont les indicateurs du management durable devraient pouvoir tenir compte.

Pour les entreprises multinationales, comme pour les agences de l'ONU ou pour les établissements de financement supranational – FMI, BERD, etc. – il n'y a actuellement qu'une façon d'appréhender la réalité locale : le dominateur commun financier, fondé uniquement sur des résultats financiers élémentaires.

Aussi longtemps que ne l'on n'introduit pas dans les études d'impact (environnement) et les études de risques (social), un chiffrage des risques/bénéfices des analyses du passé, du présent, et des plans du futur, le développement durable restera une notion vide de sens pour les entreprises et les organisations.

Traçabilité dans le temps

La traçabilité **dans le temps** est encore plus difficile à cerner.

EXEMPLE   LES CHARBONNAGES

Le peu d'indicateurs dont nous disposons pour tracer l'évolution passée, présente et future des impacts de l'exploitation des houillères du nord et de l'est de la France, du sud de la Belgique, ainsi que du bassin de la Ruhr en Allemagne, démontre que leur fiabilité est, au mieux, assurée à 30 % pour l'ensemble des sous-sols concernés en France, en Belgique et en Allemagne. Il s'agit de mines dont l'exploitation n'a vraiment commencé qu'il y a deux siècles.

En clair, nous ne savons pratiquement pas quels ont été, quels sont et quels seront les impacts environnementaux (sous-sols, surface, nappe phréatique, etc.), sociaux (déplacement de populations, prévisions et infrastructures socio-techniques, etc.) et économiques (valeur des terrains, coûts de surveillance et de maîtrise des sous-sols, prévisions d'infrastructures socio-économiques, etc.), parce que les indicateurs ou les éléments d'information qui pourraient s'y substituer, ou bien n'ont jamais existé, ou le plus souvent, ont disparu corps et biens. Ceci du fait de l'abandon progressif des charbonnages, et aussi parce que les Européens se sont battus obstinément pendant cinq siècles sur cette ligne des terrils qui s'étale de la Flandre jusqu'au Bade-Wurtemberg.

Il y avait beaucoup de valeureux soldats en 1870, de 1914 à 1918, de 1940 à 1944 dans les bassins houillers belges, français et allemands, mais probablement ni d'hydrogéologues pour relever les piézomètres, ni d'ingénieurs pour sauver les plans des galeries souterraines.

Au vu de l'impuissance que nous éprouvons ainsi devant le manque quasi total d'indicateurs du passé, qui nous permettraient de prendre des décisions dans le présent, pour maîtriser l'avenir, dans le cas des charbonnages, il me semble que nous devrions être un peu plus circonspects, lorsque nous affirmons que l'enfouissement des déchets nucléaires est garanti pour les siècles à venir, grâce à la traçabilité des indicateurs mis en place.

Résumé du cahier des charges des indicateurs financiers de management durable

Adopter une approche transversale

L'ensemble des disciplines que couvrent les domaines économique, social et environnemental, doit y être intégré.

Étant donné la diversité des situations, il est évident que le jeu d'indicateurs doit être construit en s'adaptant aux caractéristiques de chaque site, de chaque groupe, de chaque branche. Des indicateurs qui se prétendraient universels, n'auraient aucune signification.

Gérer la polyvalence

Le système d'indicateurs doit répondre aux besoins de gestion au jour le jour, mais aussi aux exigences de l'information pour les négociateurs, l'organisation, la planification.

Dans les cas où le périmètre d'activité est quantitativement et qualitativement variable, le système doit avoir une souplesse de géométrie variable, qui garantit quand même la continuité et la traçabilité.

Exprimer l'universalité en respectant les spécificités

Le système doit permettre de réunir en un seul faisceau d'indicateurs les informations de toutes origines, tenant néanmoins compte des diversités culturelles, géographiques et sociales.

Chapitre 4

Système d'indicateurs de management durable dans les entreprises et les organisations

Comme l'habitat, les matières premières, la nourriture, l'énergie, etc. l'eau, l'air et les déchets ont, depuis toujours fait l'objet de troc, donc de comptabilité. Le même constat s'impose aux services sociaux, dont nos gouvernements et syndicats respectifs dans l'Union européenne, réapprennent dans la douleur qu'il faut les comptabiliser. Par conséquent, le développement durable, ensemble de management économique, social et environnemental, ne peut qu'avoir en dernière analyse, un seul socle d'indicateurs, celui des indicateurs financiers.

Mais là où les outils pour la mesure financière du domaine économique et du domaine social sont assez largement codifiés – y compris légalement – et par conséquent vulgarisés, beaucoup d'efforts sont encore nécessaires pour que ceux de la mesure financière de l'environnement soient au même rang.

Le retard de la comptabilité environnementale

Contrairement à la comptabilité du domaine économique et même du domaine social, une comptabilité environnementale a du mal à voir le jour, voire à être acceptée par la plupart des parties intéressées.

On considère que ce qui vient de la nature ne peut pas être comptabilisé, parce qu'il s'agirait d'un don de la nature : l'eau tombe du ciel ou elle coule de source, les engrais proviennent du compostage et des excréments naturels des animaux, certains combustibles proviennent des déchets non recyclables. Et la nature reste intouchée. Une conception Rousseauiste de la nature, surgie au siècle des Lumières, resurgie avec le romantisme français et allemand et réinventée par la génération Woodstock (1964) et Paris (1968). Mais la nature « Rousseauiste » n'a jamais existé.

Apprendre à comptabiliser le coût de l'eau

L'eau potable est une marchandise, donc une matière première, de l'Athènes de Périclès à nos jours.

La marchande de l'eau est un personnage que l'on retrouve dans la littérature de Suétone (Ier siècle avant J.-C.) jusqu'à Stendhal (XIXe siècle) et y compris jusqu'à Giono, à la veille de la Deuxième Guerre mondiale.

Qui dit marchande, dit marchandise, donc transaction commerciale.

Depuis que la civilisation citadine existe, le commerce de l'eau existe. Mais dans l'imaginaire populaire – et par conséquent dans les médias – l'eau tombe du ciel, ou elle coule de source.

Il est intéressant de comparer ce refus culturel de comptabiliser le coût de l'eau avec l'acceptation tout aussi culturelle du prix du pétrole.

Nous trouvons tout naturel que le pétrole, son extraction, son débit et son prix, soient décidés par le cartel des pays dits « producteurs », réunis dans l'OPEP. Notons que ces pays ne produisent strictement rien, mais se contentent de faire pomper par des tiers les hydrocarbures qui se trouvent, par un hasard géologique, historique et politique, sous leur sol.

Que diraient les médias – et par conséquent l'opinion publique – si demain, la Suisse, au lieu de se fatiguer à recycler les pétrodollars, se contentait de facturer le m³ d'eau qui coule sans discontinuer de ses Alpes dans le Rhône ? Et si elle facturait à l'Allemagne, à la France et à la Hollande, un partage équitable des prélèvements d'eau dans le Rhin ? Ou encore si le Canada présentait la facture des prélèvements d'eau dans le lac Michigan à la ville de Chicago ? Et si le Soudan calculant son apport en eau du Nil, facturait en conséquence le barrage d'Assouan ? Mais au fait, à qui appartient l'eau du Jourdain ? Et celle de l'Euphrate ?

Et en quoi une OPEP de l'eau, serait-elle plus absurde qu'une OPEP du pétrole ?

Le pétrole comme source d'énergie peut être remplacée en l'espace de moins d'une génération, comme l'a démontré le programme nucléaire français, après le choc pétrolier de 1974. Mais par quoi remplacer l'eau, qui constitue 80 % du corps humain ?

L'eau est une ressource rare, gaspillée sans compter, parce qu'elle tombe du ciel ou coule de source. Comme pour le pétrole, il va falloir apprendre à en maîtriser la consommation et, par conséquent, la comptabiliser.

Le coût de l'air

Contrairement aux apparences, la question du coût de l'air n'est pas nouvelle.

Déjà sous l'empereur Auguste

La pollution de l'air donne lieu, sous l'empereur Auguste (Ier siècle après J.-C.), à des subventions pour les citadins de Rome qui décident de s'installer à la campagne.

Sans parler des rejets de 2 millions équivalents/habitants de Rome au début de notre ère, qui se déversaient quotidiennement par la Cloaca Maxima dans le Tibre.

La pollution de l'air de la Rome impériale, l'insalubrité de l'air des marais autour du Port d'Ostia sont décriées de Suétone à Martial, il y a 2000 ans.

N'oublions pas qu'au XIXᵉ siècle, les sanatoriums en haute montagne facturaient cher « l'air pur » aux tuberculeux riches, tout comme le Front Populaire, dès 1936, offre – aux frais de la collectivité – des vacances « à l'air pur » aux jeunes des classes ouvrières.

L'air pur existe aujourd'hui à La Grande Motte, dans l'Hérault – quel que soit le jugement que l'on peut porter sur l'aménagement urbain de la côte – grâce à un effort financier considérable de la collectivité pour éradiquer les moustiques « naturels » et le paludisme qu'elles risquaient naturellement à transmettre aux constructeurs de paillotes et autres amateurs de pêche ou de chasse.

S'il fallait une démonstration évidente de la monétarisation de l'air – et donc du besoin impératif d'indicateurs financiers – la toute récente Bourse mondiale d'émissions du CO_2 en est une preuve éclatante. Peu importe le jugement moral et d'équité Nord-Sud que l'on peut appliquer sur ce troc de droits à la pollution, il s'agit bien de négocier en termes financiers.

Ainsi, depuis la plus lointaine Antiquité, et longtemps avant l'avènement de l'automobile et des centrales thermoélectriques ou du chauffage domestique au gazole, « l'air pur » a toujours eu un prix. Que l'on ait refusé jusqu'à récemment de le calculer pour des raisons culturelles et idéologiques est compréhensible, mais aujourd'hui, non seulement il est possible mais nécessaire de faire ce calcul coûts/bénéfices.

Ainsi la récente TGAP (Taxe générale sur les activités polluantes) non seulement oblige à mesurer les émissions canalisées (cheminées) de poussière, de COV (Composés organiques volatiles), de dioxine et furanes, etc. mais devient aussi une incitation forte pour calculer le retour sur investissement de la mise en place de filtres ou de lavage des gaz d'émissions. Et mieux encore, calculer les avantages coûts/bénéfices d'un changement de technologie, visant à éliminer la source même des émissions gazeuses.

Gérer le coût des déchets

Il suffit d'observer de ma fenêtre les fins de marché du quai Saint-Antoine à Lyon ou d'observer les aires de repos des autoroutes, la veille d'un long week-end, pour se rendre compte que pour nos concitoyens, les déchets sont un phénomène « naturel ».

La gestion des déchets est un problème des grandes villes que seuls les ingénieurs d'Istanbul de Soliman le Magnifique (XVIe siècle) ont en vain essayé de résoudre par :

- le tri sélectif,
- le dépôt en mer pour le putrescible,
- l'utilisation comme remblai pour les solides sur les quais de la Corne d'Or,
- des ordonnances obligeant les propriétaires de chevaux, de mules et d'ânes à faire ramasser les crottes – par des serviteurs ou des esclaves, bien évidemment – sous peine de fortes amendes et/ou de bastonnades de la part des sbires du vizir, chargé de la voirie.

Que faire des crottes ? Tout simple, soit les utiliser dans son propre jardin, soit les vendre comme engrais au printemps et comme combustible (séchées quand même) en hiver. Il est évident que le vizir chargé de la voirie prélevait sa dîme sur l'achat-vente des crottes. Dont probablement une partie pour son bénéfice personnel.

A la même époque, quelque part entre Marignane (1515) et Vitry-le-François, où il obligeait les juges à parler le français, François Ier édictait ce qui est probablement le premier décret environnemental du royaume de France, à savoir qu'il était désormais interdit de « micter » dans la Seine et de déféquer dans les rues.

En supprimant les moto-crottes et en frappant les propriétaires de chiens contrevenants au décret de François Ier, le maire de Paris a en 2001 justifié sa décision par un calcul comptable.

Il a eu raison.

Espérons qu'il ne suivra pas l'exemple de son lointain cousin d'Istanbul, le vizir des voiries et des voies publiques, qui savait parfaitement la différence entre la comptabilité publique et ses comptes personnels.

Conclusion

Comme l'habitat, comme les matières premières, comme la nourriture, comme l'énergie, comme les vêtements, etc., **l'eau, l'air et les déchets** *ont, depuis l'émergence des premières civilisations citadines, il y a cinq mille ans,* ***toujours*** *fait l'objet de termes de troc, donc de comptabilité.*

Le même constat s'impose aux services sociaux, dont nos gou-vernements et syndicats respectifs dans l'Union européenne, réapprennent dans la douleur qu'il faut les comptabiliser.

Par conséquent, le développement durable, ensemble de mana-gement économique, social et environnemental, ne peut avoir en dernière analyse, qu'un seul socle d'indicateurs : les indica-teurs financiers.

Mais là où les outils pour la mesure financière du domaine éco-nomique et du domaine social sont assez largement codifiés – y compris légalement – et par conséquent vulgarisés, beaucoup d'efforts seront encore nécessaires pour que la mesure finan-cière de l'environnement trouve une place équivalente.

Les référentiels
des indicateurs de management durable

Les référentiels micro-économiques

L'un des problèmes majeurs du management durable dans les entre-prises et les organisations est que toutes les propositions d'indica-teurs sont macro-économiques et généralement non monétarisées.

Ramener des propositions excellentes comme celles de l'IFEN[1] à des indicateurs utilisables pour le gestionnaire de l'entreprise ou de l'orga-nisation au niveau micro-économique et quantitatif est difficile, mais pas impossible. Croiser les bases macro-économiques, traduites en micro-économie, avec les exigences de la structure de management durable dans l'entreprise et l'organisation, c'est arriver à un faisceau d'indicateurs financiers de management durable, qui correspond au cahier de charges.

Il doit être entendu que la liste ci-dessous n'est donnée qu'à titre indi-catif et ne prétend nullement être exhaustive.

---

1. Institut français de l'Environnement, « 45 indicateurs de développement durable », *Études et travaux* n° 41, décembre 2003 (voir bibliographie).

Définition des indicateurs financiers

Coûts/bénéfices de la remise en état des terrains

L'indicateur financier concerne :

- la valorisation des terrains pollués ;
- l'identification des types de pollution ;
- l'identification de l'occupation future des terrains ;
- l'identification des méthodes de dépollution et l'estimation du calendrier d'immobilisation des terrains ;
- l'estimation du coût de dépollution ;
- la valorisation estimée des terrains livrés pour leur future occupation ;
- le tableau de bord et le planning prévisionnel des dépenses des travaux et des immobilisations ;
- le bilan attendu.

L'indicateur financier ici est fondé sur un constat initial, la projection dans l'avenir, le traceur des dépenses (tableau de bord) et le bilan en fin de travaux.

Le suivi de cet indicateur peut prendre des années.

ÉTUDE DE CAS

Friche industrielle de 7 500 m², banlieue sud-est de Paris

Le terrain
Le terrain a été anciennement occupé par un concessionnaire automobile, comprenant un garage de réparations (deux fosses) d'une surface de 1 200 m², un atelier d'emballages (dalle de béton de 3 000 m²), et une buanderie industrielle (3 200 m²).

Valorisation du terrain en l'état
7 500 m² à 1 000 € le m², soit 7 500 000 €.

Utilisation future du terrain
La municipalité envisage dans son PLU[1] 2005-2030, d'inclure le terrain dans une zone mixte d'habitat, d'espaces verts et d'équipements sensibles (écoles, crèches, établissements de soins, bâtiments publics, etc.).

---

1. PLU : Plan local d'urbanisme.

Pour ce faire, il faut :

- identifier les pollutions du passé ;
- identifier l'occupation future des terrains, notamment des établissements sensibles ;
- établir une Etude détaillée des risques (EDR), en vue d'identifier les mesures de remédiation à prendre pour une future utilisation sensible des terrains ;
- définir les méthodes de dépollution, en fonction de la future occupation des terrains ;
- estimer le coût de dépollution ;
- estimer les terrains après dépollution ;
- établir le tableau de bord, le planning prévisionnel, l'immobilisation des terrains.

Tableau synoptique des indicateurs de remédiation

	Valeur d'origine	Valeur des immobilisations[1]	Remédiation[2]	Valeur finale
Valeur	7 500 000 €	1 875 000 €	2 250 000 €	3 375 000 €
Décisions d'actions	Remédiation en vue d'un PLU de terrains sensibles	Immobilisation des terrains pendant 5 ans	Évacuation des terres polluées en décharge classe I	Vente des terrains dépollués
Coûts/Bénéfices	7 500 000 €	5 625 000 €	3 375 000 €	3 375 000 €
Bilan	7 500 000 €			3 375 000 €

---

1. Il s'agit de l'immobilisation des terres pendant les opérations de dépollution/remédiation.
2. La remédiation consiste à identifier le type de pollution et mettre en décharge classe I les terres polluées.

Coûts/bénéfices de remise en état des équipements

L'indicateur financier concerne :

- la valorisation des équipements dans l'état (bâtiments industriels ou publics : Jussieu par exemple), usines de production (Arcelor à Dunkerque, par exemple), équipements de transport public (RATP ou métro de Londres, par exemple);
- l'étude d'impacts (environnement) et l'évaluation des risques (hygiène et sécurité) des équipements en l'état ;
- identification et valorisation des risques et des impacts futurs des équipements en l'état;
- l'identification de l'historique des lésions, maladies (social) et impacts durables (environnement) directement ou indirectement imputables aux équipements en l'état;
- l'identification et la hiérarchisation des méthodes de remédiation, d'organisation, de formation et d'information nécessaire ;
- l'identification des moyens et méthodes de dédommagement et/ou de prise en charge des impacts et risques encourus dans le passé, dont les effets sont dus au fonctionnement des équipements dans le passé;
- l'identification des moyens et investissements permettant de réduire ou d'éliminer les risques et les impacts des investissements;
- l'estimation des coûts de remédiation et des délais d'amortissement des investissements nécessaires;
- l'estimation des coûts de dédommagement et de prise en charge et l'évaluation de la durée des coûts de réparation ;
- le calcul des amortissements et des coûts de dédommagement et de réparation financière ;
- la valorisation estimée des équipements après mise en place des moyens de remédiation et du système de dédommagement et de réparation financière;
- le tableau de bord et planning prévisionnel des dépenses/valorisation future des équipements ;
- le bilan attendu.

L'indicateur financier ici est fondé à la fois sur les coûts de remédiation du passif social et environnemental et sur le calcul des investissements nécessaires à remettre les équipements en état.

Le suivi de cet indicateur peut prendre des années.

EXEMPLE

> Le désamiantage de Jussieu ou la remise aux normes de sécurité du métro de Londres.

Coûts/bénéfices de remise en état des monuments et sites du patrimoine

L'indicateur financier concerne :

- l'évaluation du coût de restauration ;
- l'amortissement du coût de restauration à long terme (20 ans);
- l'évaluation des coûts d'entretien, de maintenance et de fonctionnement;
- l'évaluation des ressources d'exploitation ;
- l'évaluation des impacts économiques induits (tourisme, commerce, formation, éducation) ;
- le calcul des risques environnementaux induits (détérioration du milieu naturel et culturel, pollution) et l'évaluation du coût de remédiation;
- le calcul des risques sociaux induits (spéculation immobilière, activité saisonnière, marginalisation de la pollution d'origine, etc.). et l'évaluation du coût des mesures correctives et préventives ;
- le tableau de bord prévisionnel à long terme.

Contrairement aux indicateurs précédents, le poids des évaluations et des calculs en termes de coûts, de bénéfices et de risques concerne nettement moins le suivi et la responsabilité confinés au périmètre de gestion, qu'aux impacts induits de coûts, de bénéfices et de risques.

EXEMPLE

> Saint-Tropez, Le Mont-Saint-Michel.

Coûts/bénéfices de la politique sociale d'une entreprise ou d'une organisation

Cet indicateur concerne :

- l'évaluation des risques sociaux, liés aux activités du passé (hygiène et sécurité, santé, politique d'embauche, politique salariale, etc.) ;
- l'évaluation des risques sociaux, liés aux activités actuelles (accidents, santé, mouvements sociaux, départs d'agents clés de l'organisation de l'entreprise, perte de compétences et de créativité, etc.) ;
- l'évaluation des risques sociaux liés aux plans à moyen et long terme (perte du ratio valeur ajoutée/coût de la structure sociale, mouvements sociaux, inadaptation à l'environnement économique et technologique mondial, etc.) ;
- l'évaluation des avantages d'une politique proactive d'hygiène, de sécurité et de santé ;
- l'évaluation d'une politique proactive de rénovation des compétences d'intégration et de formation ;
- l'évaluation d'une politique proactive de négociation et de concertation à long terme ;
- le calcul du coût maximal lié aux activités du passé ;
- le calcul des coûts de fonctionnements sociaux potentiels, liés aux activités du présent ;
- le calcul des coûts de dérapage du plan à moyen et long terme ;
- l'identification des moyens d'indemnisation et de prévention d'accidents, de maladies, des risques pour l'être humain (dont assurances, fonds de pension et provisions pour maladies professionnelles non encore détectées) ;
- l'identification des coûts de restructuration et/ou des risques d'expansion par acquisitions ;
- l'identification des moyens de promotion et d'acquisition des compétences ;
- l'identification du système de négociation, concertation à long terme ;
- le calcul des bénéfices passés, présents et potentiels d'un plan de prévention d'accidents et maladies ;
- le calcul des bénéfices des moyens de promotion, de formation et de renouvellement des compétences ;

- le calcul du bénéfice du système de négociation, en termes de ratio coûts/bénéfices, de grèves/accords sociaux consolidés ;
- l'identification des coûts/risques de restructuration ou d'expansion extérieure par acquisition ;
- le tableau de bord prévisionnel de la politique, des cibles et des objectifs sociaux, concernant le solde du passé, la gestion du présent et la maîtrise des risques sociaux du futur.

EXEMPLE

Dans l'hémisphère Nord, les grands équipementiers (Valeo, Bosch), les constructeurs de voitures (Renault, PSA, GM) et les groupes pharmaceutiques.

Dans l'hémisphère Sud, les grands groupes industriels brésiliens – CVRD, Petrobras, Aracruz Cellulose – indiens – Tata Industries – sont au niveau mondial, les plus avancés dans la mise en place de ces indicateurs. Non parce qu'ils sont plus soucieux du développement durable, mais parce que la faiblesse des moyens des services publics (santé, éducation, infrastructures) les oblige à se substituer aux services et aux investissements à long terme, qui en Europe sont assurés par les pouvoirs publics.

Coûts/bénéfices de la politique environnementale

Cet indicateur financier concerne :

- l'évaluation des impacts environnementaux et des risques de dysfonctionnement de l'activité actuelle et future (eau, air, déchets, rejets, pollutions des sols, matières premières, bruits) à moyen et long terme ;
- l'évaluation des investissements et d'organisation en vue de diminuer les risques et les impacts environnementaux ;
- l'identification des coûts/bénéfices d'investissements et d'optimisation ;
- l'amortissement des investissements et d'optimisation ;
- le tableau de bord de mise en place et suivi prévisionnel des comptes dépense/économies à moyen et long terme.

EXEMPLE

> Les sociétés de services du traitement des eaux et des déchets (Véolio, Séché), les sociétés spécialisées dans le traitement des déchets radioactifs (Areva), et les établissements publics (les Ports autonomes, Aéroport de Paris, etc.).

Coûts/bénéfices de l'analyse du cycle de vie des produits et services

Les indicateurs financiers se construisent de la façon suivante.

– En ce qui concerne les produits

a) L'analyse

- l'origine de la production ou de l'extraction, le transport des matières premières, de consommation d'eau et d'énergie ;
- l'évaluation des dommages collatéraux de l'extraction, en termes technologique, environnemental et social ;
- l'évaluation des impacts, de la première transformation jusqu'à la vente des produits finis : concernant des produits industriels (acier, automobile, pétrole par exemple), il s'agit majoritairement d'impacts environnementaux ; concernant des produits de consommation (nourriture, habillement, mais aussi habitat, ameublement, etc.), il s'agit majoritairement d'impacts sociaux. Mais chacun des deux impacts est présent dans ces deux secteurs.
- l'identification des entrants/sortants, de leur conception jusqu'à leur mise en activité, des services comme les transports, des infrastructures en général, de la production jusqu'à la consommation de l'énergie, émission de gaz à effet de serre, etc.
- l'identification des impacts de produits en fin de vie utile (déchets, risque pour la santé, risque de pollution des sols, risques d'émanations gazeuses nocives, d'explosion et d'incendie, pollution du réseau aquatique et de la nappe phréatique, etc.).

b) La remédiation et le calcul coûts/bénéfices

- l'identification des moyens d'optimisation de l'extraction de matières premières, de transport, de consommation d'énergie et de l'eau, à la fois en termes environnementaux (eau, air, énergie, déchets, rejets) et en termes sociaux (travail, salaires, santé) ;

- l'identification des coûts/bénéfices des mesures d'optimisation, de la période d'amortissement et de la répercussion sur le prix de revient du produit ;
- l'identification des moyens de diminution des effets collatéraux (extraction des matières premières, transport, impacts socio-économiques, santé, etc.) ;
- l'identification des moyens de maîtrise des impacts des produits en fin de vie (recyclage, valorisation énergétique, compostage, etc.) ;
- l'identification des coûts/bénéfices des mesures de diminution des effets collatéraux et de la maîtrise des impacts des produits en fin de vie et de la répercussion sur le prix de revient des produits.

EXEMPLE

Le secteur électronique et les produits électrodomestiques, dont l'analyse du cycle de vie, bien que soumise à des réglementations nationales et européennes de plus en plus explicites, peine encore à donner lieu à une organisation « berceau au tombeau ».

En ce qui concerne les services :

a) L'analyse

- le fonctionnement et le rôle socio-économique et environnemental des services (tourisme, transports par exemple) ;
- l'évaluation des impacts directs et collatéraux du fonctionnement des services, en termes économiques, sociaux et environnementaux ;
- l'identification des entrants (besoins en énergie, eaux, espace, infrastructures, biens consommables, etc.) ;
- l'identification des sortants :
  - impacts environnementaux sur les sites et paysages,
  - impacts socio-économiques directs et indirects,
  - satisfaction/insatisfaction des usagers et clients.

b) La remédiation et le calcul coûts/bénéfices

- identifier les moyens d'optimiser les besoins en eau, énergie, espace, infrastructures, biens consommables, etc., à la fois en termes économiques, environnementaux et sociaux ;
- identifier des coûts/bénéfices des moyens d'optimisation, la période d'amortissement et la répercussion sur le prix du service ;
- identifier les moyens pour maîtriser les impacts collatéraux, en calculer les coûts/bénéfices et l'impact sur le prix des services.

Coûts/bénéfices de l'investissement en recherche et développement

Les indicateurs financiers sont fondés sur les évaluations suivantes :

a) L'analyse

- l'identification des maillons faibles dans le cycle de vie des produits et des services, du point de vue :
  - des impacts environnementaux et sociaux,
  - de la faiblesse des moyens d'optimisation,
  - de l'identification des technologies/méthodes susceptibles de renforcer les maillons faibles.

b) Le plan d'action et les indicateurs financiers

- l'estimation des investissements, de l'acquisition interne et externe des compétences ;
- l'identification des objectifs et des délais ;
- le tableau de bord du suivi financier ;
- le bilan prévisionnel.

EXEMPLE

Ils sont aussi variés que les secteurs et les régions du monde concernés :

- Enfouissement des lignes THT en Europe (EDF) ;
- Utilisation de l'énergie d'hydrogène en Chine pour les voitures (université de Shanghai) ;
- Régénération de la biodiversité de la forêt amazonienne (Brésil) ;

Mais aussi :

- Développement d'un tissu biodégradable de couches-culottes (France) ;
- Élimination par recyclage des boues de production d'alliages ferreux (Allemagne) ;
- Etc.

Quelques exemples pratiques

1 Émissions de CO₂ (étude de cas industrielle)

Mesure d'origine des CO₂ de l'usine X	Coût de la TGAP[1]	Coût de l'investissement en filtres	Amortissement sur 5 ans	Coûts de maintenance	Bilan des 5 premières années	Bilan après 5 ans	Mesure après 5 ans de CO₂
500 mg/m³	220 000 €	2 000 000 €	400 000 €	120 000 €	Coûts : 520 000 € ΔTGAP : 190 000 € Bilan : (330 000 €)	Coûts : 120 000 € ΔTGAP : 190 000 € Bilan : 70 000 €	30 mg/m³

2 Consommation d'énergie (étude de cas d'une collectivité de 10 000 EH [équivalents habitants])

Mesure d'origine de la consommation totale d'énergie de la commune	Investissements (coûts)	Amortissements sur 10 ans	Coûts de maintenance	Bilan des 10 premières années	Bilan après 10 ans	Bilan de consommation/ habitant
- électricité - fuel - gaz	- électricité - fuel - gaz	- électricité - fuel - gaz	- électricité - fuel - gaz	- électricité - fuel - gaz	- électricité - fuel - gaz	- électricité - fuel - gaz

3 Consommation de matières premières/tonne produite dans une unité de production de peintures

Mesure d'origine	Investissements	Amortissements sur 5 ans	Économie financière en matières premières	Bilan en économie de matières premières après 5 ans
γ TMP/tonne produite	γ Mi installation de recyclage des boues			

1. TGAP : Taxe générale pour les activités polluantes.

4 Production d'ordures ménagères par revenu des ménages pour une commune de 6 500 habitants

Mesure d'origine 450 K/habitant/an	Coût pour la commune (ramassage/dépôt en décharge)	Investissements : - moyens de tri sélectif - équipement de compostage - formation/ communication	Amortissements sur 5 ans : - moyens de tri sélectif - équipement de compostage - formation/ communication	Bilan financier après 5 ans	Bilan en tonnes d'ordures ménagères recyclées

5 Parc d'éoliennes pour une ville de 200 000 éq/habitants, avec une industrie lourde (chimie, pétrochimie, sidérurgie)

Mesures d'origines	Investissements	Amortissements en 10 ans	Maintenance et entretien	Bilan pendant 5 ans	Bilan après 5 ans
11 éoliennes d'une production de 1.6 MW, soit 170 MW	- 150 éoliennes, soit 240 MW - équipements et installation - m² d'occupation de terrain				

6 Substitution de granulats naturels depuis 1995 pour une société de BTP internationale

État 1995	Quantité	Coût	Investissement recherche et développement	Amortissements 1995-2005	Bilan financier 2000-2005	Bilan de diminution de granulats naturels

7 Renouvellement des stocks des ressources halieutiques (saumon, Mo i Rana, Norvège)

État 1997	Investissements 1998-1999	Amortissements 5 ans	Bénéfices 5 premières années	Bénéfices à partir de 2005	Bilan financier 2000-2005	Bilan de diminution de granulats naturels
- Renouvellement du stock halieutique en dessous de 40 %. - Risque financier pour la coopérative de pêche de Mo i Rana	- Bassin d'élevage d'alevins - Parcs à saumon en haute mer					

8 Pression touristique, Palavas-les-Flots

État d'hiver 5 500 habitants État d'été x équivalent habitants	Coûts	Bénéfices directs	Bénéfices induits	Bilan coûts/bénéfices
	- Épuration - Sécurité - Adduction d'eau - Ordures ménagères - Nettoyage/hygiène publique	- Taxe d'habitation - Impôts - Taxe touristique - Facturation • eau • égouts • ordures ménagères	- Commerce/Services - Location/valorisation immobilières - Transports	

9 Accidents et quasi-accidents du travail dans l'usine R à M (Scandinavie)

État 1999	Investissements 2000-2005	État 2004	Bilan
Nombre d'accidents Coût pour l'entreprise Coût pour la sécurité sociale Coût pour les salariés	- Équipement de sécurité - Infrastructure - Formation - Suivi du risque professionnel	Nombre d'accidents Coût pour l'entreprise Coût pour la sécurité sociale Coût pour les salariés	- Entreprise - Sécurité sociale - Employés

Conclusion

Le passage d'indicateurs macro-économiques, le plus souvent qualitatifs, à des indicateurs micro-économiques est très souvent possible
et nécessaire pour le gestionnaire de l'entreprise, de l'organisation ou
de la collectivité locale. L'entité de mesure, sur laquelle sont fondés ces
indicateurs est, de façon naturelle pour tout gestionnaire, l'unité
monétaire.

Ce constat ne signifie nullement qu'il faudrait réduire la réalité économique, sociale et environnementale des organisations à un calcul
financier. Derrière les chiffres froids des budgets, des bilans et des
prévisions, se dressent les réalités sociales, économiques et environnementales, qui concernent les corps sociaux et les citoyens, les
salariés et les actionnaires, les impacts de l'activité humaine sur l'environnement, d'une complexité et d'une richesse d'information sans
aucune commune mesure. Mais pour appréhender et guider cette
complexité, le gestionnaire doit, en dernière analyse, faire appel à des
indicateurs financiers.

Le grand risque, dans cette comptabilisation de la réalité sociale,
économique et environnementale, est qu'elle ne concerne jusqu'ici
que l'organisation elle-même, dans le confinement strict de son périmètre économique. Réduire ainsi le fonctionnement d'une entreprise,
d'un bureau de poste, d'une gare locale, d'une école ou d'un hôpital à
ses performances financières à l'intérieur de son périmètre économique est un raisonnement opposé à l'esprit et à la pratique du management durable.

Mais, à défaut d'avoir le courage et la lucidité d'exprimer les réalités
complexes sociales et environnementales en termes financiers, le
gestionnaire tombe inévitablement dans le piège – mortel à terme –
d'une comptabilisation simpliste de sa propre responsabilité, sans
aucune vison, calculée, des retombées et impacts sociaux et environnementaux.

La formation des dirigeants en management durable doit avoir
comme objectif d'obliger, si nécessaire, à raisonner et calculer le fonctionnement des organisations et des entreprises en termes financiers
d'impacts sociaux et environnementaux globaux et non locaux.

Cette nouvelle approche du management durable pourrait se résumer, en paraphrasant la célèbre maxime du développement durable[1], à la variante suivante : « Think local, count global. » (« Penser localement, comptez globalement. »)

_____

1. « Think global, act local. » (« Penser au niveau global du monde, agissez au niveau local. »)

Chapitre 5

Mise en place des indicateurs financiers de management durable avec le modèle SMASH

Deux cas de figure se présentent :

– Les entreprises PME/PMI, les organisations et les administrations, dont le périmètre, les métiers, les activités et l'implantation sont plutôt pérennes et localisés sur un seul site ou au moins un nombre limité de sites, assez facilement identifiables dans le temps (passé, présent et futur) et dans l'espace (pérennité des sites).

– Les entreprises et organisations nationales et surtout multinationales, à périmètre variable, parfois d'une année sur l'autre, avec des vocations et des métiers multiples et différents au gré des acquisitions ou des ventes, les affectations (centralisation, décentralisation, regroupements) des organisations et administrations.

Dans le premier cas, l'application de la méthode des indicateurs financiers est relativement statique et peut se contenter d'identifier les impacts d'un site et ses conséquences financières dans le temps, c'est-à-dire le passé, le présent et le futur.

Dans le deuxième cas, se pose le problème d'un univers économique, social et environnemental en mutation quantitative et qualitative.

La méthodologie de mise en place n'est pas la même dans les deux cas.

La mise en place sur site

Dans le cas d'une mise en place en situation relativement pérenne, il s'agit essentiellement du management durable d'**un site**, non d'un groupe industriel ou d'une organisation multinationale. Dans ce cas, la grille de lecture passé/présent/futur ne souffre ni des problèmes de changement de périmètre, ni de changement de métier.

La classification « passé, présent, futur » est ici parfaitement adaptée.

Prendre en compte le passé

EXEMPLE   **LES FRICHES INDUSTRIELLES**

Chaque site industriel, et plus particulièrement les ICPE (Installations classées pour la protection de l'Environnement), est une friche industrielle en puissance.

Les sites des anciennes usines Cockerill du Sud de la Belgique sont actuellement orphelins de toute responsabilité financière. Tout en sachant que la pollution des sols et – par lixiviation – des nappes phréatiques, et par conséquent de la Meuse et du Rhin, nécessitera tôt ou tard des mesures de remédiation, dont les coûts augmenteront au fur et à mesure qu'on refusera de voir la réalité de la pollution en face.

Ces coûts n'ont jamais été pris en compte dans les prévisions de gestion de Cockerill et leur imputation se fera sur les exercices à venir, ou plus vraisemblablement sur les comptes de la collectivité.

Il serait parfaitement imaginable de prévoir, dans le cadre de la réglementation des ICPE[1], la traçabilité des pollutions potentielles des sols, d'impacts sur l'hygiène et la santé, d'émissions de gaz à effet de serre, de génération de déchets toxiques, de bruits et de nuisances.

Les coûts de remédiation seront par conséquent intégrés dans les provisions au niveau des comptes de résultats.

---

1. ICPE : Installations classées et protection de l'environnement.

Cette mesure aurait un triple avantage :

- elle inciterait les ICPE à polluer le moins possible ;
- elle renforcerait la crédibilité des comptes de résultat ;
- elle obligerait les ICPE à maintenir une traçabilité, dans ses comptes, des dommages causés à l'environnement.

En conclusion

Les sites orphelins des friches industrielles ne sont que le résultat d'un manque de provisions pour remise en état. Il serait assez facile, au niveau comptable et financier, de résoudre le problème dans l'avenir.

Pour les activités très visibles et médiatisées, les carrières ou les mines à ciel ouvert, les normes réglementaires existent pour le présent. Mais elles sont inopérantes pour le passé. Qui payera pour la réhabilitation du plateau des mines de Carmaux, si ce n'est la collectivité ?

Il est facile de calculer les coûts de remédiation de ces sources de pollution, qui nous viennent du passé, avant même de négocier qui va les payer. Tout le problème est de vouloir calculer l'impact environnemental, économique et social des friches industrielles, en Europe comme dans l'ensemble du monde industrialisé.

Ceci suppose une transparence qui, dans l'exemple belge des terrains Cockerill et des impacts environnementaux et sociaux des activités industrielles qui y ont été exercées, fait totalement défaut.

Comptabiliser le présent

Au présent, il est encore faisable de réaliser un tableau de bord coûts/bénéfices des investissements environnementaux, sociaux et économiques, par rapport aux bénéfices qu'ils rapportent ou des risques qu'ils éliminent.

La tableau de bord simplifié du management durable se présente comme suit :

Gestion courante

Coûts	Bénéfices	Bilan
Environnement		
Budget de l'optimisation de la gestion énergie / eau / air / déchets / rejets / bruits	Économies de consommation	Bilan en fin de cycle
Social		
Budget équipe QHSE		
Budget formation / information / communication	Optimisation des performances humaines	Optimisation de la productivité
Sécurité, santé, hygiène	Diminution accidents (coûts)	Calcul statistique de prévention d'accidents
Économique		
Budget investissements	Amélioration productivité	Optimisation productivité
Budget fonctionnement	Amélioration productivité	Optimisation productivité
Budget engagement financier	Produits financiers	Augmentation bénéfices

La gestion prévisionnelle pour le futur

Pour le futur, la gestion prévisionnelle à moyen et à long terme ne doit pas se contenter de prévoir des courbes financières, où les recettes dépassent toujours les dépenses. Même simplifiée, une gestion prévisionnelle peut inclure les domaines de l'environnement et du social.

Le tableau de bord prévisionnel simplifié pourrait se résumer ainsi :

Gestion prévisionnelle à moyen et long terme (5 ans – 20 ans)

Coûts	Bénéfices	Bilan
Environnement		
Budget de recherche et développement	Avantage concurrentiel	Résultats prévisionnels 5 à 10 ans
Provisions pour remédiation	Ressources financières	Maîtrise sortie de l'activité
Études d'impact quantifié	Maîtrise des risques	Diminution statistique coûts environnement
Social		
Budget formation / compétences à long terme	Diminution du coût de la maîtrise sociale	Amélioration productivité
Budget fonds de pension	Distribution sociale	Diminution coûts financiers
Prévision de contribution patronale	Distribution sociale	Ratio distribution/bénéfices

/ ... /

/ ... /

Économique		
Comptes de résultats prévisionnels	Suivi de gestion	Garantie de résultat financier
Plan économique et financier à long terme	Investissements à long terme	Courbes de bénéfices à long terme

Synthèse

Chiffrer les 3 domaines du management durable

Il n'est pas plus difficile d'établir une politique de management durable, qui inclut les aspects environnementaux et sociaux, que d'établir un plan financier classique à long terme. Seulement, cela demande un effort d'imagination et d'élaboration d'hypothèses, auquel la plupart de nos dirigeants d'entreprises et d'administrations, comme d'ailleurs nos élus, ne sont ni habitués, ni formés.

Pour que le développement durable soit traduit en termes de management durable, il faut avoir l'imagination et le courage de traduire les domaines sociaux et environnementaux en termes financiers.

Il est évident que ces traductions seront toujours hasardeuses, voire trompeuses. Comme si le chiffrage d'un plan de développement classique à long, moyen et même à court terme, n'était pas un exercice hasardeux, voire trompeur.

EXEMPLE

Pour calculer la rentabilité financière du groupe Arcelor (premier aciériste européen) à long, moyen et même à court terme, quelle hypothèse du coût de l'énergie adopter ? Quel taux de reconversion du dollar par rapport à l'euro ? Quelle évolution des prix des minerais et des cokes ? En fonction de quels évènements possibles dans leurs régions d'extraction ou en Europe ?

Il n'est pas plus compliqué d'émettre des hypothèses dans les domaines sociaux et environnementaux, que dans le domaine économique.

EXEMPLE

> La construction d'un haut-fourneau ou d'une centrale de cogénéra-
> tion d'électricité (Arcelor – EDF Dunkerque) demande des investis-
> sements qui seront amortis sur vingt ans. En se fondant sur des
> hypothèses économiques qui risquent d'être contredites par des
> évènements imprévisibles aujourd'hui.

Pourquoi serait-il plus incongru d'intégrer des prévisions des coûts et
bénéfices sociaux et environnementaux dans un plan à vingt ans ?

Les tableaux de bord de management durable que nous avons expé-
rimentés sur certains chantiers concernent le passé, le présent et le
futur. Ils ont le mérite d'exister et d'être appliqués, mais ne sont certainement pas encore le cadre de management durable que l'on est en
droit d'espérer pour la génération à venir.

Le système est simple et s'est avéré opérationnel sur plusieurs chantiers. Sa structure est la suivante :

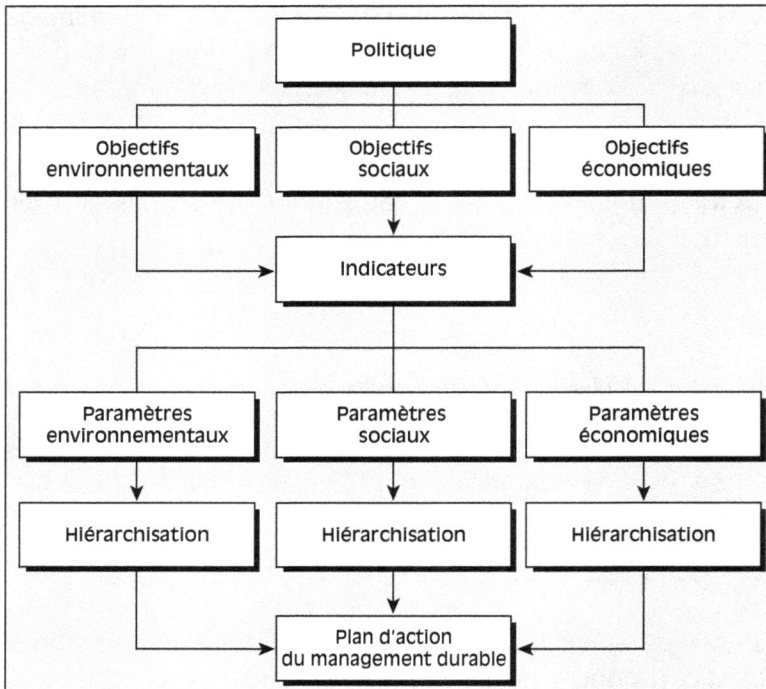

Élaborer les tableaux de bord

En se fondant sur la structure décrite ci-dessus, il devient assez facile de mettre en place des tableaux de bord synoptiques des indicateurs financiers. Ceux-ci concerneront le passé, le présent, le futur.

Sans prétendre être exhaustif, on peut les visualiser de la façon suivante :

Tableau de bord synoptique
des indicateurs financiers du passé

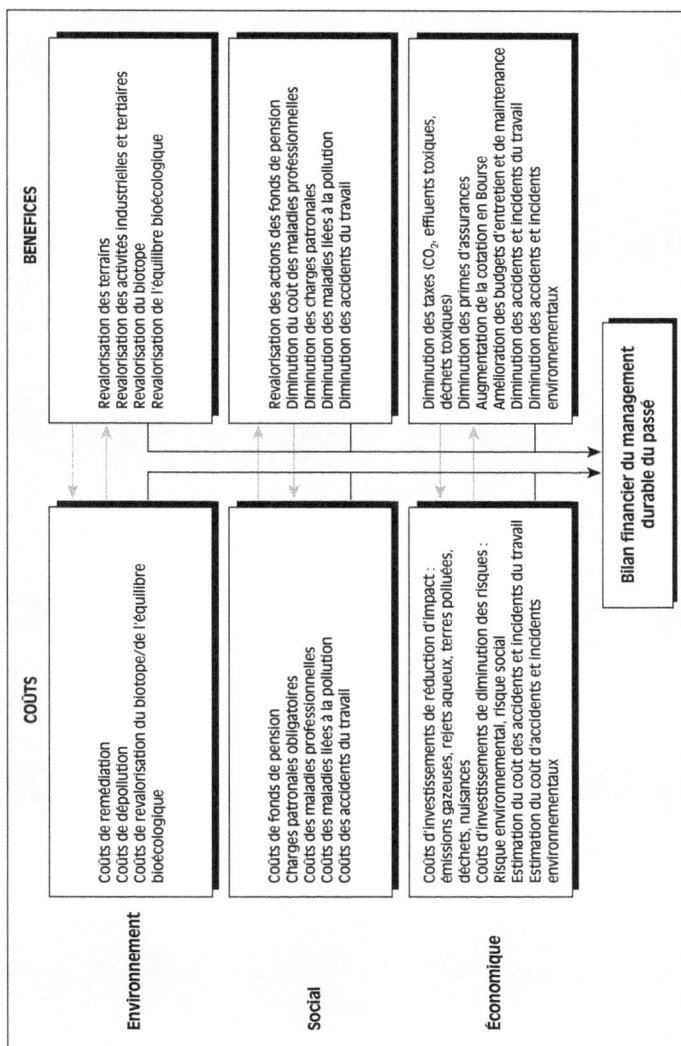

Tableau de bord synoptique
des indicateurs financiers du présent

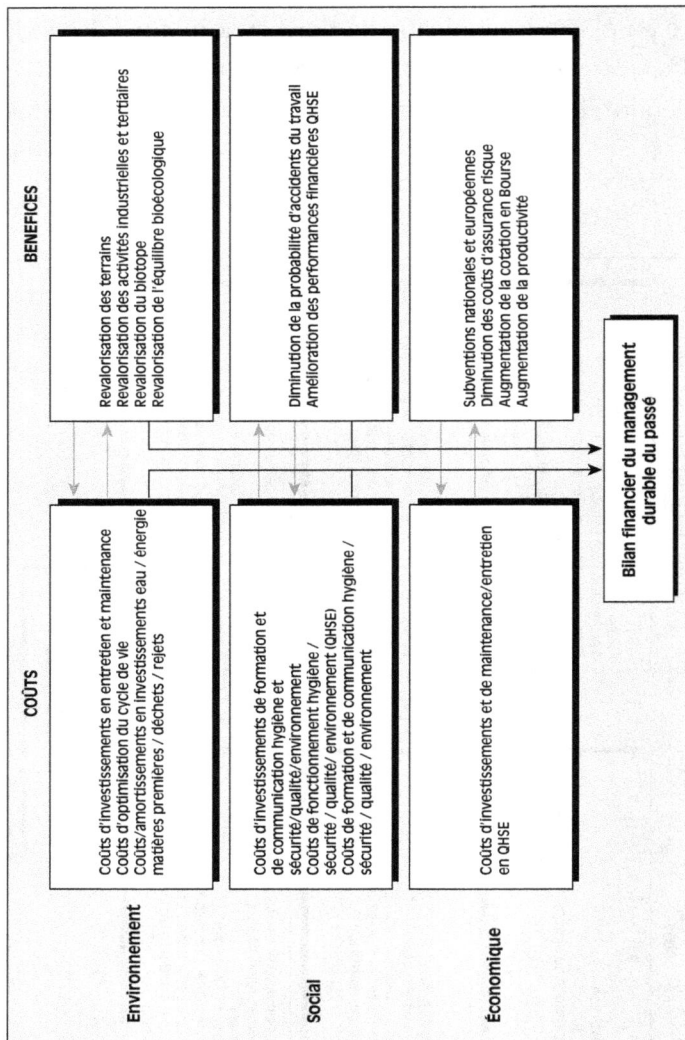

COÛTS

Environnement
- Coûts d'investissements en entretien et maintenance
- Coûts d'optimisation du cycle de vie
- Coûts/amortissements en investissements eau / énergie
- matières premières / déchets / rejets

Social
- Coûts d'investissements de formation et
- de communication hygiène et
- sécurité/qualité/environnement
- Coûts de fonctionnement hygiène /
- sécurité / qualité/ environnement (OHSE)
- Coûts de formation et de communication hygiène /
- sécurité / qualité / environnement

Économique
- Coûts d'investissements et de maintenance/entretien
- en OHSE

BÉNÉFICES

- Revalorisation des terrains
- Revalorisation des activités industrielles et tertiaires
- Revalorisation du biotope
- Revalorisation de l'équilibre bioécologique

- Diminution de la probabilité d'accidents du travail
- Amélioration des performances financières OHSE

- Subventions nationales et européennes
- Diminution des coûts d'assurance risque
- Augmentation de la cotation en Bourse
- Augmentation de la productivité

Bilan financier du management durable du passé

Tableau de bord financier prévisionnel

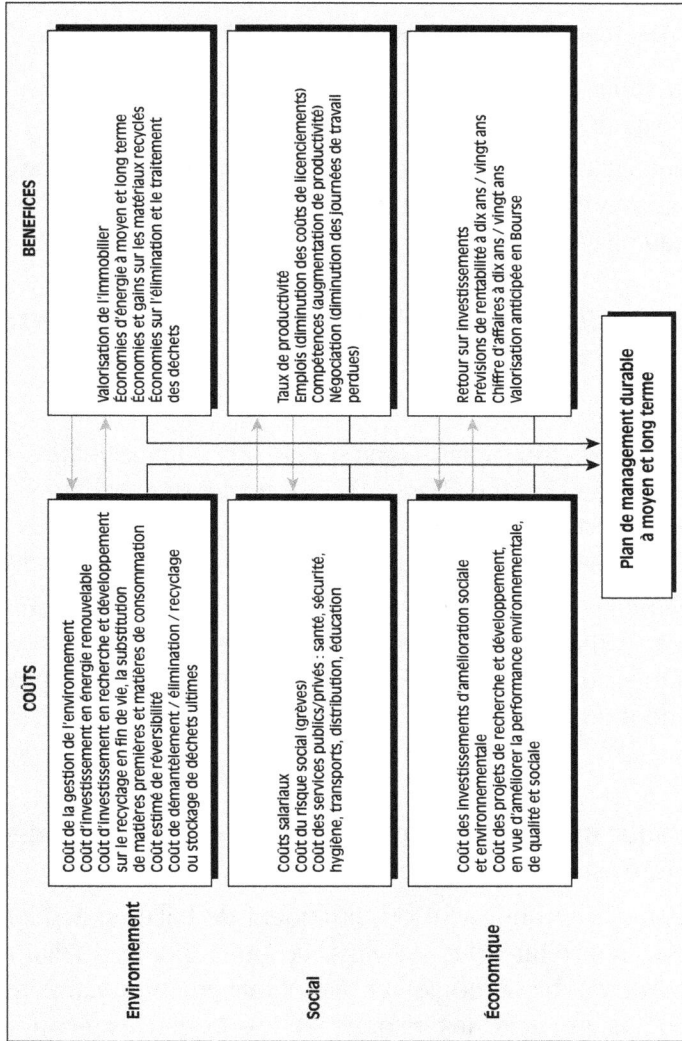

Le tableau présente les éléments suivants :

COÛTS

Environnement
- Coût de la gestion de l'environnement
- Coût d'investissement en énergie renouvelable
- Coût d'investissement en recherche et développement sur le recyclage en fin de vie, la substitution de matières premières et matières de consommation
- Coût estimé de réversibilité
- Coût de démantèlement / élimination / recyclage ou stockage de déchets ultimes

Social
- Coûts salariaux
- Coût du risque social (grèves)
- Coûts des services publics/privés : santé, sécurité, hygiène, transports, distribution, éducation

Économique
- Coût des investissements d'amélioration sociale et environnementale
- Coût des projets de recherche et développement, en vue d'améliorer la performance environnementale, de qualité et sociale

BÉNÉFICES

- Valorisation de l'immobilier
- Économies d'énergie à moyen et long terme
- Économies et gains sur les matériaux recyclés
- Économies sur l'élimination et le traitement des déchets

- Taux de productivité
- Emplois (diminution des coûts de licenciements)
- Compétences (augmentation de productivité)
- Négociation (diminution des journées de travail perdues)

- Retour sur investissements
- Prévisions de rentabilité à dix ans / vingt ans
- Chiffre d'affaires à dix ans / vingt ans
- Valorisation anticipée en Bourse

Plan de management durable à moyen et long terme

Les indicateurs financiers pour les entreprises multi-sites et multinationales (SMASH)[1]

La pertinence des indicateurs par site et par métier

L'indispensable concentration et consolidation des données n'enlève en rien l'exigence de mise en place d'indicateurs locaux.

Néanmoins, cette mise en place doit se faire par un dialogue, parfois long, entre le centre et la périphérie, de façon à permettre l'uniformité des données au niveau local, garantissant ainsi une vision cohérente centrale.

Maîtriser la disparité et la multiplicité des paramètres

Trouver des dénominateurs communs entre les différents métiers

Dans les groupes industriels, comme dans les administrations, l'activité concerne plusieurs métiers, très souvent caractéristiques d'un site spécifique, mais représentant des impacts environnementaux, des risques sociaux d'hygiène et de sécurité et des exigences de qualité, très divergents.

Le problème se pose de trouver des dénominateurs communs entre ces différents métiers, leurs impacts, leurs risques et leurs exigences économiques, qui puissent s'exprimer en indicateurs communs de management durable.

Prendre en compte les variations de périmètre

La dynamique industrielle, celle des services, et même celle des administrations, n'est pas immuable.

Les industries s'agrandissent ou diminuent de taille en acquérant, en cédant ou en arrêtant des activités, ce qui modifie qualitativement (changement de technologie) et quantitativement (changement de périmètre) les impacts, les risques et les exigences économiques, qu'elles doivent maîtriser. Les services, la distribution, les transports, le tourisme, la banque, l'agro-alimentaire, etc. connaissent la même dynamique de changement de périmètre. Les indicateurs du management durable doivent tenir compte de cette dynamique.

---

1. Sustainable Management Assesment Systems' Handbook.

L'administration elle-même, bien qu'à un rythme moindre, est soumise à des décisions politiques qui en modifient le périmètre, et par conséquent les impacts, les risques et les exigences liées à son activité.

Les indicateurs de management durable doivent être suffisamment souples pour tenir compte de cette dynamique, tout en garantissant une lecture et une traçabilité dans le temps.

S'adapter à la spécificité multinationale

Pour les sociétés multinationales, comme pour les services internationaux (Banque mondiale, FMI, BERD, etc.) s'ajoute le problème de la disparité des conditions sociales, environnementales, légales et économiques, rendant l'identification d'indicateurs transversaux du management durable particulièrement ardue. Ici encore, le système d'indicateurs du management durable doit s'adapter.

Une façon de maîtriser la multiplicité et la disparité des données, est de procéder par cercles concentriques de plus en plus synthétisés. Ainsi, la richesse des informations reste intacte à la périphérie, elle se consolide en trois domaines – l'économique, le social et l'environnemental – et elle se retrouve intégrée dans un mode unique d'indicateurs, qui s'expriment en termes monétarisés, c'est-à-dire financiers.

Approche – système d'indicateurs de management durable dans un grand groupe industriel

Cerner le domaine économique
Recenser les impacts par site et par métier

Des trois domaines du management durable, l'économique est le plus facile à cerner.

Les données par site et par métier des comptes de résultats sont généralement disponibles, sinon assez faciles à être identifiés (premier cercle du management durable).

Regrouper par division

Le regroupement de ces données par division ou par corps de métiers est assez aisé, étant donné qu'il s'agit de données exprimées en termes financiers mathématiques, et par conséquent facilement intégrables (deuxième cercle du management durable).

Le modèle SMASH[1]

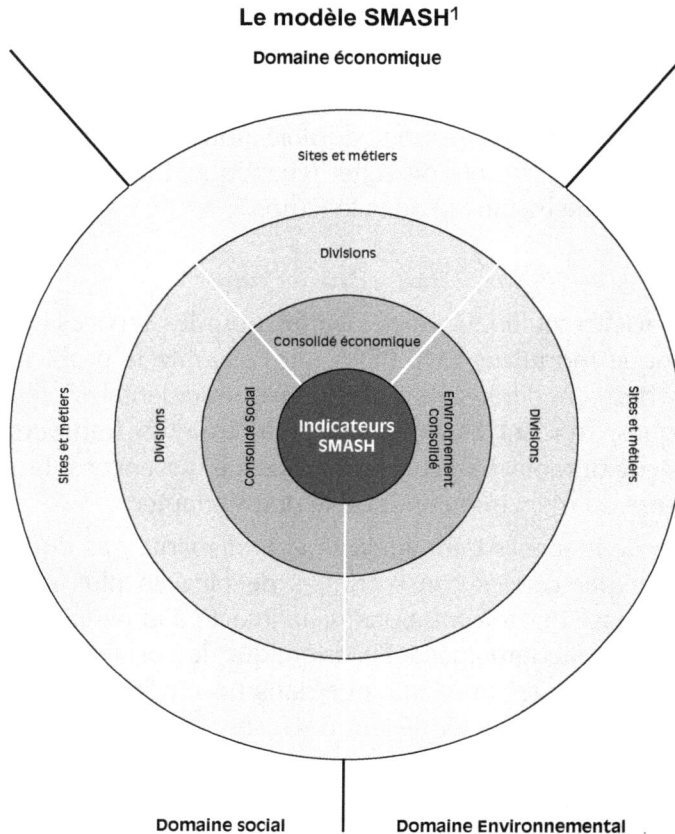

Consolider les données économiques

Cette facilité évidente se complique néanmoins lorsqu'il s'agit de se projeter dans l'avenir à moyen et surtout à long terme (troisième cercle du management durable).

La consolidation des données économiques en un seul faisceau pose deux problèmes :

- la disparité des réalités économiques qu'elles recouvrent,
- l'incertitude à l'avenir des activités.

Par conséquent, cette consolidation sera nécessairement réductrice par rapport à la réalité et fera appel à l'imagination pour ce qui est de la prévision de l'avenir.

---

1. Sustainable Management Assessment Systems' Handbook.

La consolidation économique doit se fonder impérativement sur des hypothèses clairement énoncées de regroupement des impacts et de la projection de ceux-ci dans un avenir à moyen et à long terme.

Élaborer les indicateurs

Il faut que trois hypothèses soient décrites dans cette prospective : expansion, stagnation et récession.

Ce n'est qu'après ce travail d'analyse, de synthèse et de prospective qu'il sera possible d'apporter les éléments économiques au corps central d'indicateurs SMASH du développement durable de l'organisation.

Cerner le domaine social

Recenser les impacts par site et par métier (premier cercle du management durable)

Plusieurs facteurs entrent en ligne de compte pour évaluer les impacts sociaux d'un site et/ou d'un métier :

- le risque, en termes d'hygiène et de sécurité ;
- le ratio accidents/nombre de salariés et sous-traitants ;
- le ratio formation/masse salariale ;
- le ratio salaire/coût de la vie ;
- le ratio évolution des salaires/productivité ;
- le nombre de jours de grève ;
- le ratio d'absentéisme justifié/injustifié ;
- le ratio des heures de travail/production.

Les impacts sociaux doivent être identifiés pour chaque site, pour chaque métier et en plus pour chaque situation particulière.

Consolider les impacts au niveau des divisions (deuxième cercle du management durable)

Chaque impact peut être décrit en termes financiers, ce qui rend assez aisée la consolidation au niveau des divisions, voire au niveau central.

Pour ce faire néanmoins, il faudra évaluer les mesures à prendre pour optimiser le fonctionnement social, du point de vue humain comme du point de vue financier.

Consolider le domaine social

Ce n'est qu'après cet exercice, difficile et nécessairement controversé, qu'il est possible de consolider le domaine social du management durable.

Cette consolidation est fondée sur plusieurs hypothèses, et mène par conséquent à quatre scénarios, qu'il faudra avoir le courage de calculer, avant de les intégrer dans le faisceau d'indicateurs du management durable.

Élaborer les indicateurs
(troisième cercle du management durable)

Quatre scénarios doivent être envisagés, en vue de valider les indicateurs apportés au cœur central du système :

- l'expansion,
- la stagnation,
- la récession,
- la crise.

Chacune des ces hypothèses est fondée sur des mesures d'accompagnement, de prévention, de formation, de rémunération qui sont prévisibles – au moins partiellement – et qui peuvent être exprimés en termes monétarisés, donc financiers.

Par conséquent, on peut les intégrer dans le faisceau central des indicateurs du management durable SMASH.

Cerner le domaine environnemental

Mesurer et contrôler au niveau des sites et des métiers

Les impacts passés, présents et futurs des activités des sites et des métiers sont assez faciles à identifier (premier cercle du management durable).

Que ce soit l'analyse du passif environnemental, celle des impacts eau/air/déchets/matières premières/énergie de l'activité en cours ou l'étude d'impacts des activités à venir, les outils méthodologiques existent et sont validés, y compris par le législateur, au niveau national comme au niveau international.

Consolider au niveau des divisions
(deuxième cercle du management durable)

Pour avoir un sens, la consolidation au niveau d'une division ou d'une activité doit identifier les paramètres de mesures, indépendamment de l'état ou de la qualité des équipements.

Ainsi, les résultats d'émissions dans l'air, de rejets d'eaux chargés de génération des déchets, de consommation d'énergie, de matières premières ou d'eau de source, ou encore de préservation du paysage et de la biodiversité, deviennent des indicateurs **qualitatifs** des différents sites et métiers.

Pour arriver à les quantifier, en termes monétaires et par conséquent, financiers, il s'agira d'évaluer les investissements nécessaires, soit pour la remédiation (le passé), soit pour la reconversion technique (le présent), ou pour la mutation technologique (le futur).

Consolider le domaine environnemental
(troisième cercle du management durable)

La consolidation environnementale est fondée sur une évolution des impacts, des risques, des coûts et des bénéfices des meilleures technologies disponibles.

Il devient ainsi possible d'établir un plan à moyen et long terme d'amélioration des performances, ce qui permet d'intégrer l'environnement dans le cercle des indicateurs du management durable SMASH.

Établir une hiérarchisation multicritère des impacts

Hiérarchiser les impacts

Au moment de passer au cercle de consolidation des impacts locaux au niveau du groupe, il s'agira d'effectuer des choix, quant à l'importance relative de chacun des impacts consolidés.

Valider la grille d'évaluation

La grille d'évaluation présentée ci-dessous est valable et validée en Europe Occidentale.

Il est évident qu'elle doit être adaptée, notamment en ce qui concerne les entreprises et métiers situés en Amérique Latine, en Asie, en Afrique et en Europe Orientale.

Grille d'évaluation des impacts
Hiérarchisation

Analyse initiale Coefficients	Économique ROI*	Social Risque	Environnemental Impact	Total consolidé
Hiérarchisation multicritère	1 à 5	1 à 3	1 à 5	3 à 13
Investissements/ amortissements	1 à 5	1 à 3	1 à 5	3 à 13
Risque	1 à 2	1 à 3	1 à 5	3 à 10
Total	1 à 12	1 à 9	1 à 12	3 à 33

* Return on investment – retour sur investissement

Noter l'activité et/ou la division

L'objectif de la notation de l'activité et/ou la division est d'identifier et, dans la mesure du possible, d'intégrer les cibles prioritaires du management durable, à la fois économique, social et environnemental dans un seul plan d'action à moyen et long terme.

La notation est par définition, subjective. Il est préférable qu'elle soit effectuée par un comité pluridisciplinaire, comprenant des membres qui ne font pas partie de l'organisation. Néanmoins, quelques critères objectifs peuvent être introduits dans chacun des trois domaines du management durable, notamment la conformité légale et l'application du principe BATNEC.

La notation dans chaque colonne :

- 1 signifie que l'impact est considéré peu important,
- 5 signifie que l'impact est considéré extrêmement important.

La hiérarchisation multicritère

- En ce qui concerne le domaine économique, il s'agit d'évaluer le risque pour le retour sur investissement (ROI).
- En ce qui concerne le domaine social, il s'agit d'évaluer les risques pour la santé, l'hygiène, mais aussi les tensions sociales, l'équilibre de la pyramide des âges, le cumul d'expériences, le niveau de formation initiale, la formation continue, etc.

- En ce qui concerne l'environnement, il s'agit d'évaluer les impacts passés, présents et futurs sur le milieu (sols, eau, air, biotope), les consommations de ressources (énergie, matières premières, eau), et la génération de sous-produits et d'effets secondaires (déchets, matériaux et équipements obsolètes, etc.).

Les investissements/amortissements

- En ce qui concerne le domaine économique, il s'agit d'évaluer le rapport coût/bénéfices des investissements productifs.
- En ce qui concerne le domaine social, il s'agit d'évaluer le rapport coût/bénéfices de l'ensemble des investissements sociaux : formation, sécurité et hygiène, communication, organisation/certifications, participation aux bénéfices, etc.
- En ce qui concerne le domaine environnemental, il s'agit des investissements destinés à améliorer la performance des impacts environnementaux, et de l'effort en recherche et développement en vue d'optimiser cette performance.

Les risques

- En ce qui concerne le domaine économique, il s'agit d'évaluer les risques qu'encourt la société en cas d'effondrement du marché, d'irruption de concurrents plus performants sur le marché, de réglementations et lois réduisant de façon significative le champ d'action de la société.
- En ce qui concerne le domaine social, il s'agit d'évaluer le risque de responsabilité sociale du présent et du passé (accidents, maladies professionnelles, réduction d'effectifs ou fermeture d'unités, etc.) et le risque de mouvements sociaux (grève, contestation externe de l'activité), ainsi que le risque d'impacts sociaux à long terme (besoins de main-d'œuvre non qualifiée, soit en direct, soit en sous-traitance). Cette évaluation ne concerne pas seulement l'activité elle-même, mais aussi l'amont et l'aval de la chaîne complète de production et de services.
- En ce qui concerne le domaine environnemental, il s'agit d'évaluer les risques des négligences du passé, les risques que représentent les activités actuelles et les risques qu'elles pourraient représenter dans le futur :
  - Le risque lié au passé est généralement confiné à la qualité des sols et des nappes phréatiques, aux résidus de déchets toxiques et

dangereux, aux destructions graves des biotopes et des ressources naturelles ;

– Le risque lié au futur est celui de la réversibilité des décisions de recherche et de développement des produits et des services, prises aujourd'hui.

Réaliser les évaluations

La notation des impacts est effectuée par un groupe d'auditeurs internes, formés au management durable et assistés par des experts extérieurs.

La validation de cette notation est faite en revue de direction et dûment enregistrée et archivée.

Traiter les impacts significatifs

Sont considérés comme impacts significatifs, tous les impacts cotés au-dessus de la valeur 6 pour chacun des domaines, au-dessus de 10 pour la cotation consolidée.

Ces impacts feront l'objet du plan de management durable (PDM) à court et moyen terme (5 ans).

Élaborer un plan d'amélioration

Ce plan comportera les objectifs, les moyens techniques, les budgets et le calendrier prévisionnels de réalisation.

Il est fondé sur les priorités indiquées par le système de notations décrit ci-dessus.

Établir les hypothèses coûts/bénéfices

A partir du plan d'amélioration, il est possible d'établir les hypothèses coûts/bénéfices à moyen (5 ans) et long terme (au-delà de 5 ans).

Donner les objectifs économiques du plan

Les objectifs économiques du plan seront, sans surprise, exprimés en termes financiers.

Déterminer les objectifs sociaux du plan

Les objectifs sociaux concernent des différents postes évoqués ci-dessus. Ils pourront faire l'objet d'estimations de coûts et de bénéfces, fondées sur des courbes d'expériences et des statistiques du passé, et du benchmarking dans la profession.

Estimer les objectifs environnementaux du plan

Les objectifs environnementaux concernent les impacts principaux identifiés lors de la phase précédente. Ils feront l'objet d'une estimation de coûts et de bénéfices, fondée sur le calcul des investissements nécessaires à :

- la remédiation,
- la remise aux normes,
- la formation,
- l'organisation de la production,
- la recherche et développement, et à l'innovation technologique.

Le rendement attendu de ces investissements est évidemment fondé sur des hypothèses, aussi étayées que possible, mais plus aléatoires que celles sur lesquelles reposent les prévisions économiques à court, moyen et long terme.

Les indicateurs SMASH

Passer du plan aux indicateurs

A partir des plans, avec leurs objectifs, les moyens à mettre en œuvre, tant au niveau intellectuel, manuel que financier, des délais et de l'organisation, il devient assez facile d'établir des indicateurs de progrès.

Exprimer les indicateurs en termes financiers

Faire la synthèse des consolidations

La consolidation des plans économiques, sociaux et environnementaux doit inévitablement s'exprimer en se fondant sur un dénominateur commun. Le seul dénominateur commun que l'on puisse appliquer dans le monde entier est le dénominateur financier.

Identifier les indicateurs

Les indicateurs doivent s'échelonner sur un éventail qui comprend non seulement les coûts directs, mais également les coûts collatéraux, y compris les risques induits.

De même, les indicateurs doivent suivre les bénéfices directs, mais aussi les bénéfices indirects, y compris les bénéfices induits.

Résumé des objectifs du système de lecture SMASH

Réduire la complexité

Le système de cercles concentriques permet à la fois de réduire la complexité des domaines économiques, sociaux et environnementaux d'un groupe industriel vers son expression la plus simple, qui est celle des indicateurs financiers. Mais en même temps, le système permet de repérer en amont les éléments qui auront permis de réduire la complexité de lecture des domaines économiques, sociaux et environnementaux.

Ainsi, il permet à la fois de synthétiser les éléments du management durable dans un nombre limité d'indicateurs financiers, mais de garder la possibilité d'investigation des racines de ces indicateurs et, le cas échéant, d'en modifier le contenu.

Dans les cas – assez fréquents – de modification du périmètre quantitatif (acquisition ou vente d'activités), ou qualitatif (développement ou cessation d'activité), la possibilité ainsi offerte de raisonner en termes de périmètre comparable constitue une aide considérable pour l'analyste et le gestionnaire.

Être un outil de suivi de gestion

Le nombre de paramètres du management durable rend illisibles les tableaux de bord qui voudraient à la fois rendre compte des évolutions des impacts économiques, sociaux et environnementaux des activités d'un groupe industriel multinational.

La méthode des cercles concentriques permet à la fois de concentrer les indicateurs de gestion dans un faisceau unique et de garder la trace et l'ouverture vers les données d'origine.

S'adapter à la pratique

Il est impossible de mettre une norme ou un curseur des données périphériques vers la synthèse centrale. En revanche, chaque organisation, à un moment donné et compte tenu de la visibilité qu'elle a des aspects économiques, sociaux et environnementaux de son avenir, est capable d'identifier des indicateurs de gestion, qui en dernière analyse, seront des indicateurs financiers.

Chapitre 6

Quel management durable pour les PME/PMI ?

Le développement durable a été conçu comme un mouvement planétaire, concernant essentiellement les grands équilibres macro-économiques mondiaux. Il a été ensuite repris au niveau des nations, essentiellement comme des politiques volontaristes d'intentions, mais rarement concrétisé en objectifs et cibles concrets et mesurables.

En France, les entreprises contrôlées par l'État ont suivi le mouvement, ainsi que certaines administrations, notamment les DRIRE[1] et les DDE[2].

Souvent j'ai entendu dire que le développement durable et sa concrétisation dans le management et la stratégie durable, n'étaient finalement que le luxe des très grandes entreprises et organisations.

Pour démontrer qu'il n'en est rien, j'ai choisi de présenter un exemple d'application des indicateurs financiers du management durable dans une petite unité industrielle de moins de 200 salariés.

---

1. DRIRE : Direction régionale de l'industrie, de la recherche et de l'environnement.
2. DDE : Direction départementale de l'équipement.

Présentation de la société

La société R est spécialisée dans l'alliage des métaux. Fondée en 1990, comme filiale d'un grand groupe sidérurgique, elle a été rachetée le 01/01/2000.

Au moment de l'achat :

- Le chiffre d'affaires était de 93 millions d'euros, avec un bénéfice de 0,6 million d'euros, mais 10 millions de pertes cumulées depuis sa création en 1990 ;
- L'effectif total était de 100 personnes, dont 30 en sous-traitance, essentiellement en maintenance, gardiennage et manutention.

En 2003 :

- Le chiffre d'affaires atteint 117 millions d'euros, avec un bénéfice de 7 millions d'euros ;
- L'effectif total n'a pas changé, avec la même composition de 70 salariés et 30 sous-traitants permanents.

Les installations industrielles de la société comprennent, outre les locaux administratifs, un parc de stockage de minerais et cokes, une installation de sintérisation (mélange à haute température de coke et de minerai), un four électrique d'une puissance de 50 MW, des piscines de refroidissement et de concassage de l'alliage.

L'usine est construite sur un terrain de 20 ha, au bord d'un canal d'eau profonde, donnant directement sur la mer, ayant été remblayé par les scories des hauts-fourneaux de la sidérurgie avoisinante.

Les problèmes inhérents au processus de fabrication sont les suivants :

- **Environnement**
  - émissions gazeuses des ateliers de sinter et du four ;
  - poussières diffuses des parcs de matières premières et des produits finis ;

- effluents chargés de MES[1], des métaux lourds et présentant un pH[2] basique ;
- sous-sol chargé de métaux lourds, notamment du chrome.

- **Social**
  - maladies possibles, liées à la fabrication, dans le passé, de silico manganèse.

- **Économie**
  - pertes lourdes (10 millions d'euros) depuis la création de l'unité en 1990.

Prendre en compte le passé (1990-2000)

Chiffrer le passé en matière d'environnement

La mise en conformité avec les dispositions légales (arrêté préfectoral initial de 1990) et avec les normes actuelles et futures de l'Union européenne aura coûté (estimation arrêtée au 31/12/2002) 1,5 million d'euros.

Il est probable que la mise aux normes totale des installations, d'ici 2007, demandera un budget supplémentaire, sur 7 ans, de 3 millions d'euros.

Chiffrer le passé en matière sociale

Il n'est pas à exclure que l'activité de certaines catégories d'ouvriers ait provoqué des problèmes de santé, notamment liés à des possibles cas de silicose.

Bien qu'aucun cas de silicose n'ait été détecté au moment du rachat de l'entreprise, un fonds d'assurance anti-silicose a été constitué, prévoyant une contribution patronale de 500 000 euros sur cinq ans. La couverture du risque maximum est de 12,5 millions d'euros d'ici 2030.

Le poste est à mettre aux bénéfices potentiels, en cas de déclarations – hypothétiques, mais non impossibles – de maladies professionnelles.

---

1. MES : Matières en suspension.
2. pH : mesure d'acidité d'un liquide. En dessous de 6,5 pH, les effluents sont acides, au-dessus de 8,5 pH, il est trop basique. Dans les deux cas, l'eau est inadaptée à la consommation.

Chiffrer le passé en matière économique

Le passif cumulé de la filiale, depuis sa création en 1990, s'élevait en 2000 à 10 millions d'euros, l'exercice 2000 étant bénéficiaire de 0,6 million d'euros.

L'objectif, grâce aux investissements dans les performances techniques, environnementales et sociales (sécurité et hygiène), était d'arriver à 5 % de bénéfices nets sur chiffre d'affaires, ce qui a été réalisé en 2003.

Dresser le tableau synoptique des indicateurs du passé (1999)

	Coûts (M€)		Bénéfices (M€)	
Environnement	Coûts de dépollution et de remise en état 2000-2003	1,5	– Revalorisation de l'usine – Valorisation visée au bilan (2005)	7,5
Social	Fonds d'assurance anti-silicose : 500 000 euros/ an (2000-2010)	5,0	Couverture pour maladies professionnelles à 100 % (2000-2030)	12,5
	Contribution patronale 100 000 euros/an, à partir de 2005 jusqu'à 2030	2,5		
Économie	Perte cumulée à fin 1999	10,0	Équilibre bénéficiaire en 2003	7,0
	Coûts totaux	19,0	**Bénéfices totaux**	**27**
	Solde	**8,0**		

Calculer les coûts/bénéfices du présent (2000-2005)

Chiffrer le présent en matière d'environnement

Les coûts

Le programme d'investissements en vue d'améliorer les performances environnementales continue. Il concerne :

- la mesure et le contrôle des émanations gazeuses des cheminées ;

- l'élimination des poussières diffuses du parc de matières premières et du stockage des produits finis ;
- la maîtrise des effluents et le recyclage des eaux de refroidissement du four ;
- la mise en place d'un système intégré QHSE (Qualité, Hygiène, Sécurité, Environnement) certifié selon les normes ISO 9001-2000, ISO 14001, OHSAS 18001.

Le coût total de ce programme est de 5,2 M€ entre 2000 et 2005.

Les bénéfices

- Les non-conformités, dues au dépassement des seuils d'émissions gazeuses autorisés, auraient pu conduire à des amendes de l'ordre de 500 000 euros ;
- La taxe générale sur les activités polluantes (TGAP) a pu être réduite de 100 000 euros/an ;
- La consommation d'énergie grâce aux investissements d'optimisation des parois réfractaires du four, permet une augmentation de production de 10 %, sans augmenter la demande d'énergie ;
- L'énergie consommée par tonne de production est ainsi réduite de 500 K€/an.

Chiffrer le présent en matière sociale

Les coûts

- L'installation des lignes de vie sur les toits, indispensables en cas d'intervention en hauteur a été généralisée ;
- Des nouveaux systèmes de détection du CO (monoxyde de carbone, gaz mortel) dans le four et l'adoption d'EPI (équipement de protection individualisé) a été généralisé, y compris pour les prestataires de services occasionnels sur le site ;
- Un dialogue et un système de communication a été instauré, non seulement avec les délégués syndicaux, mais aussi avec les pilotes de processus, comprenant une réunion quotidienne et un comité de pilotage mensuel ;
- Avec l'aide d'un expert extérieur, un système QHSE certifié ISO 9001-2000, ISO 14001 et OHSAS 18001 a été mis en place.

Au total, le plan social 2000-2005 coûtera 2,1 millions d'euros à l'entreprise.

En contrepartie :

- Les risques d'accidents graves ont sérieusement diminué et peuvent être estimés, au vu du passé et en faisant un benchmarking (comparaison) dans le secteur sidérurgique en France, à 0,8 million d'euros.
- Le dialogue social, qui s'est installé à travers la mise en place d'un système QHSE certifié, éloigne le risque de mouvement social, dont une seule semaine coûterait au minimum 1,5 million d'euros.

Chiffrer le présent en matière économique

Le montant des investissements au four électrique aura coûté en cinq ans de l'ordre de 2,4 millions d'euros, notamment en remplaçant le recouvrement de réfractaire, qui permet un rendement calorifique supérieur de 15 % par rapport à l'ancien recouvrement.

L'économie en termes de rapport consommation d'énergie par tonne d'alliage produite n'a pas été calculée, étant donné qu'elle se retrouve dans le résultat financier global de 7 M€ en 2003.

Dresser le tableau synoptique des indicateurs du présent (2000-2005)

	Coûts (M€)		Bénéfices (M€)	
Environnement	Mise en conformité	1,5	Risque d'amendes environnementales diminué	0,5
	Politique	0,8	Taxe TGAP	0,1
	Fonctionnement	0,8	Réduction consommation	0,5
Social	Mise en conformité	1,2	Risque d'accident diminué	0,8
	Système QHSE	0,9	Risque mouvement social diminué	1,5
Économie	Investissement four	2,4	Résultat 2003	7,0
	Coûts totaux	7,6	**Bénéfices totaux**	10,4
	Solde	**+ 2,8**		

Établir et calculer les indicateurs du futur

Plusieurs scénarios peuvent être envisagés et calculés pour l'avenir. Ils concernent :

- Le coût de l'énergie ;
- Le futur des alliages ;
- Les exigences de l'administration en matière d'impacts environnementaux ;
- L'élimination des risques d'accidents ;
- Les investissements de maintenance et de renouvellement.

Chiffrer les coûts en matière d'environnement

Coûts des études de réversibilité

Sur une période de 25 ans, plusieurs paramètres peuvent changer et d'autres peuvent faire irruption, insoupçonnés actuellement.

EXEMPLE   **SCÉNARIOS DE RISQUE**

Le coût de l'énergie électrique dans l'Union européenne avoisine ou dépasse celui de 8 TEP (tonne équivalent de pétrole/MW).
Dans ce cas, il faudra étudier la possibilité d'une énergie de substitution (gaz, haut-fourneau aux cokes) et en calculer les indispensables investissements, ou investir en recherche et développement pour réduire de façon significative la consommation d'énergie par tonne d'alliage produite.

Les alliages sont remplacés par des matériaux composites, dont la fabrication est beaucoup moins complexe et aléatoire que les technologies actuelles.
Dans ce cas, il faudra étudier la possibilité de reconversion de l'outil de production actuel et en calculer le coût.

L'impact indiscutablement nocif sur l'environnement, des émanations gazeuses et des effluents, est considéré par le législateur comme inacceptable.
Dans ce cas, il faudra investir dans l'amélioration des performances environnementales de l'outil industriel actuel, notamment en changeant le système de filtrage de cheminées (filtres à manche au lieu de filtres électrostatiques), en mettant en place un système de décantation des eaux usées.

Analyser les risques et chiffrer leur coût en matière sociale

Analyse des risques

L'analyse des risques montre que les dangers ne sont pas complètement maîtrisés, même après les améliorations apportées dans la période 2000-2004.

Notamment au four, et plus spécifiquement sur le plancher de coulée, il faudrait prévoir la révision complète de l'ergonomie des postes de travail et de commande, pour éliminer les risques pour la santé et la vie humaine au maximum.

En contrepartie, le risque d'accidents graves ou mortels diminuerait sensiblement. Sachant que deux accidents très graves et un accident mortel se sont produits dans les dix années précédant la reprise de l'usine par ses nouveaux propriétaires, il est raisonnable d'estimer que le gain – virtuel, mais bien réel, lorsque les accidents se produisent – est de l'ordre de 3 millions d'euros.

Analyse des coûts d'assurance accident

L'analyse des coûts d'assurance accident démontre que les risques d'hygiène et de sécurité ne sont pas suffisamment pris en compte.

Sachant qu'il y a eu trois accidents graves, dont un mortel, avant le rachat de 2000, il est raisonnable d'estimer que le bénéfice est statistiquement de 3 millions d'euros sur la période 2005-2030.

Chiffrer la rentabilité financière des investissements

Dans l'hypothèse d'une percée définitive des alliages dans le marché des aciers nobles, il faudra investir de l'ordre de 1,5 million d'euros par an pour maintenir l'outil de production à niveau, soit 22,5 millions d'euros sur 15 ans.

Volontairement, dans le calcul, les investissements ont été comptés comme des coûts immédiats, là où ils devraient être amortis sur 5 ans, voire 15 ans dans certains cas.

La rentabilité d'une opération de management durable ne pourrait qu'en être revue à la hausse, si les règles comptables actuelles en vigueur dans l'Union européenne étaient appliquées.

Dresser le tableau synoptique des indicateurs du futur (2005-2010)[1]

	Coûts (M€)			Bénéfices (M€)	
Environnement	Coûts d'études de réversibilité	1,5	Maîtrise des coûts de réversibilité	10,0
	Coûts d'exploitation et de maintenance (1,5 M€/an)	7,5	Maîtrise des coûts des risques	5,0
Social	Coûts de reconversion (1,5 M€/an)	7,5	Risque de chômage diminué	7,0
	Formation à la reconversion (1,5 MF/an)	7,5	Augmentation couverture assurances	
Économie	Investissements et frais de reconversion (1,5 MF/an)	7,5	Résultat	15,0
	Coûts totaux	31,5	Bénéfices totaux	37
	Solde	5,5		

En conclusion

Quel que soit le scénario pour les alliages, il est possible de les imaginer et, par conséquent, de calculer les retombées financiè-res, sociales et environnementales de chacun d'eux.

Le management durable, pour l'entreprise R. à D., n'a de sens que s'il envisage l'ensemble des scénarios possibles, sur 10 ans au minimum, et en tire les conclusions sur le plan financier, social et environnemental.

Lorsque l'entreprise aura trouvé son rythme de croisière, d'ici 2010, il sera effectivement possible d'établir un plan de dévelop-pement durable, qui couvrira et même dépassera la génération 2000-2030.

---

1. Le plan initial en 2000 ne prévoyait qu'un long terme à 10 ans.

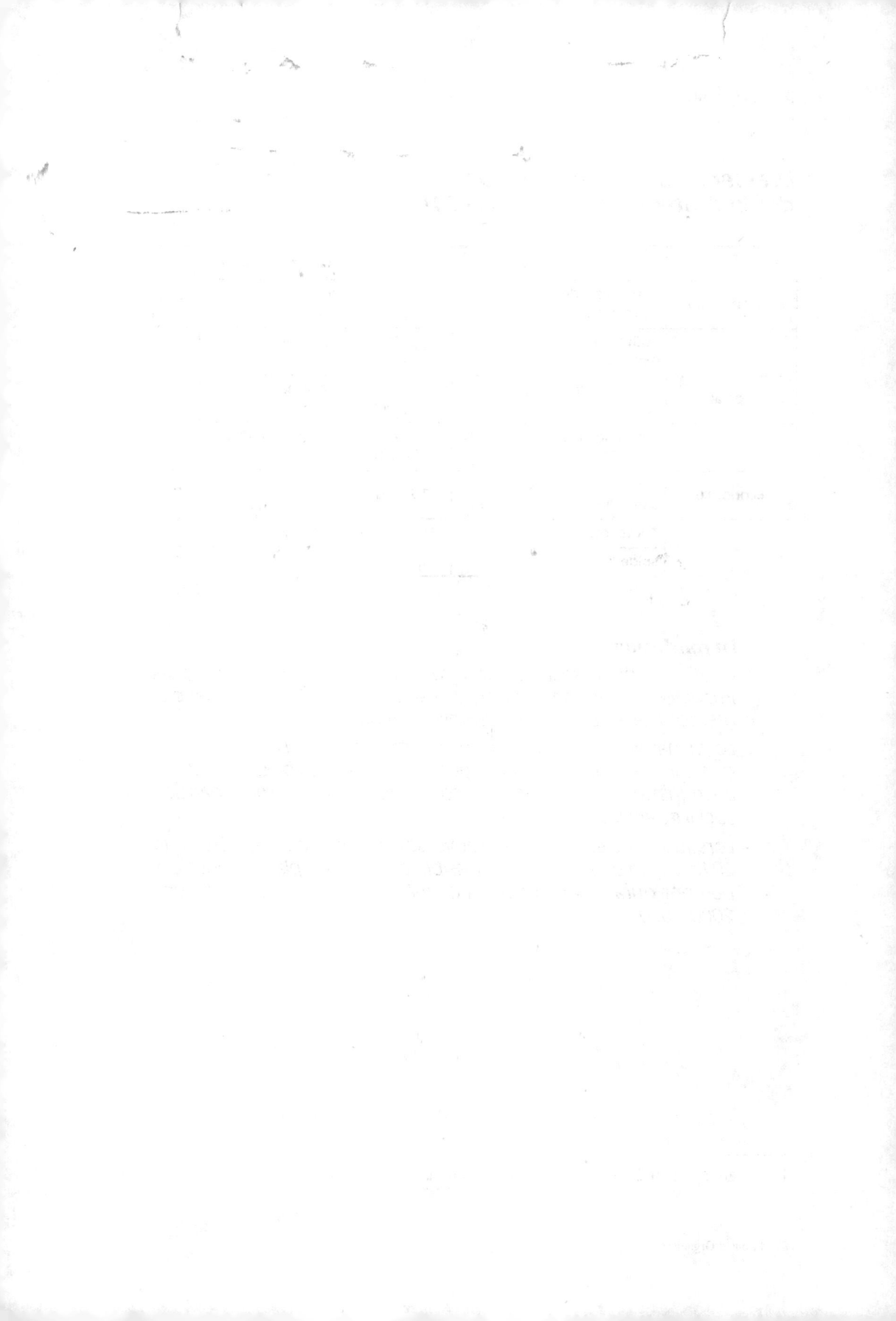

Chapitre 7

Faire du management durable un outil de bonne gouvernance

Un faisceau de motivations, d'arguments objectifs et subjectifs, de forces politiques et de percées scientifiques s'est conjugué pour que l'environnement et la responsabilité sociale prennent leur place légitime comme objectifs de gestion parmi les objectifs de l'organisation, de l'entreprise ou du service public.

La bonne gouvernance de l'organisation suppose désormais la maîtrise de champs de décision en matière éthique, économique, sociale, technique, environnementale, juridique et technologique.

Intégrer l'éthique au management

Il est surprenant, pour le moins, que l'enseignement et les méthodes du management – dans les entreprises, dans les administrations, comme dans les syndicats et les ONG – soient fondés sur le présupposé selon lequel les objectifs des organisations, de leurs responsables et exécutants sont honnêtes et transparents.

La réalité est tout autre et l'éthique consiste à imposer cette honnêteté et cette transparence. La question se pose notamment à propos du transfert inéluctable des moyens de production au niveau mondial. Mais de deux choses l'une :

- ou bien, le transfert des moyens de production au niveau mondial se fera d'une façon organisée, lucide, planifiée. Ceci implique la révision du rôle de l'Europe dans la création de richesses, dans le sens que ses ressortissants deviendront les concepteurs du XXIe siècle, dans l'industrie, les services et la recherche ;
- Ou bien, le transfert de production au niveau mondial se fera contraint et forcé, soumis à des mafias qui n'auront rien à envier au trafic des êtres humains, de la drogue et des armes.

Ce transfert de production et de compétences, réalisé de façon organisée prendra sans aucun doute de l'ordre d'une génération. Et l'Europe deviendra l'un des plus importants centres de recherche et de développement du XXIe siècle.

Le niveau culturel, intellectuel, de formation et d'intelligence de l'Europe réunie peut répondre aux défis du monde entier, comme le démontrent ARIANESPACE, AIRBUS, le CNES entre autres.

Définir une éthique du management à l'aide de normes et d'objectifs

L'éthique n'est pas seulement un bouclier que l'on lève occasionnellement, mais malheureusement par obligation, et de plus en plus fréquemment, lors de la découverte de grands scandales (CRÉDIT LYONNAIS, ENRON, PARMALAT, etc.). Ce n'est pas non plus un sujet de réflexion et d'aimables échanges dans les associations de cadres supérieurs, ou l'objet de publications d'excellente qualité intellectuelle, visant un groupe d'initiés.

Il s'agit d'un corps de normes, aujourd'hui plus ou moins implicites, et d'objectifs, auquel les collaborateurs, les actionnaires, les clients, les prestataires de services, l'environnement et le tissu social sont confrontés quotidiennement. Dans ce domaine, tout reste à faire, le dirigeant étant seul avec sa conscience. Et pourtant, ELF, VIVENDI, CRÉDIT LYONNAIS, etc. feraient des matériaux de choix pour des études de cas…

Il me paraît simple d'identifier une éthique d'entreprise et d'organisation, à laquelle en fait la quasi-totalité des responsables adhèrent, le plus souvent inconsciemment.

Économie
- Assurer la survie de l'organisation, en réalisant des bénéfices et en les réinvestissant à un niveau qui permet le développement durable de l'organisation ;
- Assurer un service au client et/ou à l'utilisateur qui répond à ses besoins fondamentaux, et non à des besoins induits ou suggérés ;
- Assurer un fonctionnement financier honnête, transparent et traçable ;
- Assurer une répartition équitable des résultats financiers des efforts communs entre actionnaires et collaborateurs.

Social
- Garantir le bien-être social et physique de tous les collaborateurs, y compris les sous-traitants, du point de vue de l'hygiène, de la sécurité et du développement de carrière ;
- Assurer la négociation permanente et un système de prise de décision fondé sur la consultation permanente ;
- Assurer l'intégrité physique de tous les collaborateurs, directement ou indirectement employés par l'organisation.

Environnemental
- Eliminer les nuisances environnementales des activités passées ;
- Maîtriser les impacts environnementaux présents ;
- Intégrer dans les plans de développement les facteurs environnementaux prioritaires :

- énergie,
- émissions/effluents,
- bruits,
- sous-sols,
- nappes phréatiques,
- faune et flore.

L'éthique n'est pas directement mesurable

Contrairement à tous les autres éléments de maîtrise que sous-entend le management durable, la maîtrise éthique n'est pas mesurable, ni en termes de performance, ni *a fortiori* en termes financiers. Néanmoins sans elle, n'importe lequel des indicateurs décrits ici devient non seulement inopérant, mais peut devenir dangereux.

Le développement durable et son application pratique, le management durable, n'ont de sens que dans le cadre d'une maîtrise extrêmement claire et exprimée de ce qu'est une entreprise ou une organisation : son sens, ses objectifs et la justification, aux yeux de toutes les parties prenantes, de son existence.

Peu importe que cette maîtrise éthique soit fondée sur une conviction religieuse, sur un sens de responsabilité laïc et humaniste, sur un esprit de corps solidaire ou sur un engagement personnel des cadres, des dirigeants et des employés, des ONG, la maîtrise éthique est la clef de voûte de la construction du management durable.

L'éthique se mesure
par des indicateurs dans tous les champs de décision

L'éthique n'est pas mesurable, parce que l'ensemble des décisions, des actions et des réactions dans le cadre d'une organisation dépend d'elle. En revanche, pour garder des traces de la maîtrise et en vue de démontrer que le système de management durable mis en place n'est pas qu'une déclaration d'autosatisfaction, il faut que l'application de cette éthique soit prouvée par des indicateurs de maîtrise de tous les autres champs de décision.

Des indicateurs qui ne seront convaincants, que parce qu'ils seront monétarisés, c'est-à-dire financiers. L'explicitation de la maîtrise éthique en termes simples, comme ceux énoncés ci-dessus, me paraît par conséquent essentielle pour une bonne gouvernance du développement durable, pour que celui-ci ne reste pas un show à thème au niveau planétaire.

Utiliser les outils de mesure existants pour gérer l'économie

La gestion des compétences humaines, des outils d'investissement, des matières premières et des informations, nécessaires à la production des biens et des services de l'organisation est au cœur de ce champ de décision.

La comptabilité analytique, le compte de résultats et le bilan annuel sont pour les entreprises comme pour les administrations des outils indispensables, voire obligatoires, de la bonne gouvernance et ce, au niveau international.

Si ces outils traditionnels ont le mérite d'exister, ils ne sont cependant pas parfaits.

Les limites des outils de mesure existants

On peut reprocher aux outils de mesure traditionnels économiques existants trois incohérences majeures :

* *Ils sont d'une rigidité qui ne s'adapte ni dans le temps, ni dans l'espace, ni à la réalité économique qu'ils sont censés mesurer. Ces mêmes outils sont utilisés aussi bien pour la gestion des transports publics, dont l'impact économique dépasse de loin leurs réseaux, équipements et installations, que celle d'une entreprise de plomberie, dont l'impact est réduit au temps d'attente et à la facture de réparation de votre chauffage à la veille de Noël.*

* *On utilise toujours les mêmes outils de mesure économique pour maîtriser la vie d'un logiciel à la vie éphémère de quelques années, qui n'aura eu besoin que de la matière grise pour le concevoir, sans aucun impact du cours des matières premières et de l'énergie. Les mêmes outils économiques maîtrisent la vie d'une centrale thermique, avec une durée d'au moins cinquante ans et une dépendance totale du coût du pétrole ou du charbon.*

- *Ils se substituent beaucoup trop souvent à une mesure globale du management durable, sans tenir compte des impacts sociaux et environnementaux induits.*

Néanmoins, pour inadaptés qu'ils puissent paraître, ces outils de maîtrise ont le mérite d'exister, y compris du point de vue légal, et le corps de métier des experts-comptables, vieux de quelque 50 ans veille à les faire fonctionner.

Clarifier la gestion des ressources humaines de l'entreprise

La gestion des ressources humaines est l'un des trois socles du management durable.

Vouloir mettre en équation la maîtrise sociale et encore plus, traduire cette équation en termes financiers, est probablement choquant à première vue. Le grand avantage que j'y vois, est que cette démarche clarifie singulièrement la politique, les objectifs et les moyens à mettre en œuvre en matière de gestion des ressources humaines.

Les défauts de la gestion humaine dans l'entreprise

En effet, depuis le début de la deuxième révolution industrielle, celle qui aura inventé, à partir de 1870 (il y a cinq générations), la répartition de tâches, le travail à la chaîne et pour finir l'organisation scientifique du travail vers 1920 (Fayolle et Taylor), la gestion humaine de l'entreprise et des organisations pâtit, depuis l'abolition de l'esclavage (qui ne date elle-même que depuis 1870 et n'est toujours pas universellement appliquée, quelles que soient les lois nationales et les déclarations des droits de l'homme) de plusieurs défauts :

- *manque de clarté,*
- *l'évacuation du conflit,*
- *la professionnalisation des ressources humaines,*
- *le gouffre entre dirigeants (cadres) et employés,*
- *la gestion virtuelle,*
- *la méconnaissance des mécanismes sociaux dans l'organisation.*

La gestion des ressources humaines souffre depuis sa première formulation par Fourier au XIXe siècle, d'un manque de clarté et de théorisation dans ses objectifs, ses moyens et sa politique. Par conséquent, les critères de définition d'indicateurs ne peuvent que refléter ce manque de clarté.

Les différentes étapes de la gestion humaine

Au XIXe siècle et jusqu'au début de la moitié du XXe siècle, il s'agit d'une fonction dont le rôle était d'organiser et surtout de canaliser la force ouvrière, en surveillant d'abord les velléités d'indépendance par rapport à la hiérarchie et avant tout, considéré à l'époque le pire de tous les maux de l'organisation : le syndicalisme. La fonction s'appelait « chef du personnel » et était souvent remplie par un ancien militaire.

A partir des années 1960, sous la pression grandissante de la tertiairisation des activités économiques et en adoptant en conséquence un mode de gestion des ressources humaines, basé sur la motivation et la formation (on ne peut pas comptabiliser un service intellectuel à la pièce fabriquée), la fonction s'appelle désormais « direction du personnel » et est rempli, soit par des psychologues (les grandes entreprises et administrations), soit par la femme du patron (les PME/PMI).

Le rôle de la fonction est alors d'appliquer les règles d'administration des employés et d'être communiquant entre ceux-ci, leurs représentants syndicaux et la direction, tout en les motivant par la formation permanente, des évaluations de fin d'année et des primes à la productivité.

Ce n'est qu'à partir des années 1980 que la gestion des hommes et des femmes devient un poste de « direction des ressources humaines », confié très souvent à un membre du comité de direction au plus haut niveau, souvent un juriste.

L'explication de cette évolution se trouve à mon avis dans le fait que l'on peut ainsi, sans passer par la médiation d'un syndicat, gérer un personnel qui compte désormais dans l'industrie et les services 80 % de cadres et techniciens qualifiés, conscients de leurs droits et devoirs.

Parallèlement à cette évolution, les entreprises internationales industrielles et de services, à l'instar de ce qu'elles avaient réussi au sein de l'International Standards Organisation (ISO) en termes de certification de la qualité (ISO 9001-2000) et de la gestion de l'environnement (ISO 14001), se sont mis à négocier une norme

internationale de management des ressources humaines. En rai-
son de différences culturelles et historiques, la négociation a
échouée.

Introduire plus de clarté

A défaut d'une norme internationale, la norme OHSAS 18001 britannique fait désormais fonction de norme de gestion des ressources
humaines. Sans être parfaite, la norme OHSAS 18001 donne un
minimum de directives à la gestion de la sécurité et de l'hygiène au travail.

Il est symptomatique qu'elle ne soit que britannique, les membres de
l'International Standards Organisation (ISO) n'ayant jamais réussi à se
mettre d'accord sur les normes de santé et d'hygiène au travail, ce qui
était déjà très réducteur, par rapport au champ large des ressources
humaines.

Néanmoins, l'existence même d'une norme, librement adoptée par
l'entreprise, aussi imparfaite qu'elle soit, permet à tout un chacun de
vérifier la conformité des pratiques et des règles autoproclamées.

Ce qui est un progrès considérable, par rapport à l'opposition stérile
patronat-syndicats, qui aura marqué le climat social de l'Europe
pendant le siècle dernier.

Reconnaître
que toute organisation humaine est conflictuelle

Les aspects qui sont complètement ignorés par la norme OHSAS 18001
(Occupationnal Health and Safety Assesment System) concernent le
droit dans les relations de travail la motivation, la formation au sens
large, le travail des femmes et des enfants, le travail esclave, et avant
tout, le conflit permanent, qui nécessite une négociation permanente.

Chacun de ces aspects peut faire l'objet de mesures par des indicateurs, qui peuvent être monétarisés et donc, donner lieu à des indicateurs financiers.

Dans une optique de management durable, il faut que la gestion des
ressources humaines reconnaisse enfin la réalité sociale, psychologique et politique des organisations.

Tous les systèmes de management des ressources humaines, surtout ceux d'origine anglo-saxonne, sont basés sur le modèle d'harmonie de l'organisation. Ce modèle est à l'évidence une imposture. Car toute organisation humaine est conflictuelle.

Alors que chacun, de l'institutrice de l'école primaire aux maîtres de conférences des grandes écoles et aux gestionnaires d'entreprises et d'organisations, voit dans son quotidien que la vie psychologique et sociale des organisations est conflictuelle et non harmonieuse, les sciences humaines, et plus particulièrement la psychologie industrielle, appliquées à l'entreprise, se sont fourvoyées, depuis le début des années 1930.

Elles se sont fourvoyées pour trois raisons :

• La professionnalisation de la fonction ressources humaines

En se professionnalisant, la direction des ressources humaines est devenue très vite un métier de cols blancs, (en général sans aucune connaissance physique du cadre de travail), considérant de manière « scientifique » le monde du travail, comme les entomologistes observent les fourmis.

• Le gouffre grandissant entre « cadres » et opérateurs du terrain

Le mal des cadres

Il faut se rappeler d'abord que le mot « cadre » est intraduisible dans aucune langue, sauf en chinois mandarin, où il désigne une personne qui ne se salit jamais les mains.

Contrairement à l'Allemagne, où tout ingénieur commence dans l'atelier et tout diplômé prestigieux dans le tertiaire commence devant un guichet de banque ou de service public, la méritocratie française – malgré tous les avantages par rapport à l'aristocratie britannique ou des oligarchies américaines – présente un inconvénient majeur : il projette des jeunes talentueux et intelligents, mais très souvent immatures, à des postes de responsabilités et de prise de décision sur des réalités socio-économiques qu'ils et elles n'ont jamais connues.

Il ne serait pas inutile, à mon avis, d'établir des indicateurs d'apprentissage des futurs cadres, en termes monétaires, ne fût-ce que pour permettre un benchmarking international.

● Les dangers de la gestion virtuelle

L'information de la gestion **des informations émises** donne l'illusion que le manager (« ou cadre ») peut diriger tout à partir de son portable. Cette illusion est dangereuse à quatre titres.

a) La validité des informations reçues

Sans contrôle, sur place, des informations reçues, il est évident que l'on ne peut y accorder que la confiance que l'on peut accorder à l'émetteur.

L'intérêt de l'émetteur étant d'améliorer ou de sauvegarder sa position de pouvoir – ou simplement son emploi – il est tout aussi évident que la qualité de l'information émise est, pour le moins, influencée par cet intérêt.

b) Le contact humain

L'information, quelle que soit sa précision, n'est jamais qu'un outil de préparation à la décision. Même et surtout si celle-ci est programmée, c'est l'intelligence créative humaine qui décide de sa pertinence.

L'intelligence créative dans une société, est indissociable de l'échange des idées, des opinions, de l'interaction entre les hommes et les femmes qui forment cette société.

Cette interaction n'est pas virtuelle, elle est réelle, physique autant qu'intellectuelle et psychologique.

L'être humain, malgré ou grâce à toutes les sophistications et outils qu'il a pu développer dans son activité, reste un mammifère de la classe supérieure, qui a besoin de ses cinq sens – voir, écouter, goûter, sentir, toucher – pour appréhender la réalité et particulièrement pour comprendre l'autre, adversaire ou partenaire.

Aucun ordinateur remplacera la « tea-lady » au Royaume Uni, la pause-café en Allemagne ou le repas d'affaires en France, quelle que soit la finalité – politique, économique ou sociale – de l'organisation concernée.

c) La déconstruction

Les deux premiers dangers de la gestion par PC mènent logiquement au troisième : le glissement d'un management réel vers un management virtuel.

Déconnecté de la réalité derrière les informations et le comportement des hommes, le management devient ni durable, ni pertinent, mais virtuel.

Le cas ENRON n'est pas seulement un exemple de malversations, c'est surtout un modèle de management virtuel.

L'illusion, créée par la pléthore des informations dont peut disposer le manager sur son PC, rend l'assimilation de cette information impossible.

d) Le besoin de courtisans

Incapable de maîtriser le flot d'informations, le responsable d'entreprise a le même réflexe que feu Louis XIV ou l'empereur de Chine[1] de l'époque Ming. Il charge ses courtisans de démêler cet écheveau inextricable d'informations, dont la masse ne cesse de s'accumuler de jour en jour. Ceux-ci ne s'y retrouvent pas plus que le patron et lui proposent, par conséquent, des décisions qui semblent aller dans le bon sens et surtout dans celui de leurs intérêts personnels ou corporatistes.

e) L'indicateur d'expérience

Un indicateur qui me paraît extrêmement intéressant – facilement traduisible en termes financiers – dans l'industrie est celui du nombre d'heures par mois que le directeur des ressources humaines et la direction générale aura passé sur les sites industriels, non pas dans leurs bureaux respectifs, mais sur les lieux de réception des matières premières, de production, d'ateliers de maintenance et d'entretien, dans les magasins et dans les sites d'emballage et d'expédition des produits finis.

D'après mes expériences de consultant sur plus de 200 sites sur une période de trente ans, cet indicateur se situe entre 5 et 15 % pour les directeurs de ressources humaines, entre 0 et 5% pour la direction générale.

---

1. Voir la brillante analyse de Thierry Gaudin.
Introduction à l'économie cognitive, Thierry Gaudin (Éditions de l'Aube, 1997).

Maîtriser les quatre mécanismes sociaux dans l'organisation

L'apprentissage de la négociation

La relation humaine, physique et de proximité, ne pourra jamais être remplacée par la relation virtuelle, que les moyens technologiques nous offrent au niveau de la communication planétaire.

Mais ceci implique qu'il faudra apprendre à analyser, gérer et négocier les conflits inévitables entre groupes et personnes à intérêts au moins partiellement opposés.

Il est compréhensible que toutes les théories et manuels pratiques de management social évacuent le conflit. Car le conflit – non pas comme état d'exception, ou comme une guerre entre patronat et syndicats – mais comme un état permanent, est un concept déstabilisant qui semble menacer le pouvoir, l'organisation et la quiétude de ceux qui en font partie.

Rares sont les dirigeants conscients que le conflit est source de créativité et d'innovation. Et pourtant, depuis toujours, c'est le conflit qui est générateur d'innovation sociale, technologique et environnementale.

EXEMPLE   **DES CONFLITS SOURCES D'INNOVATION**

C'est le conflit entre les théologiens Thomistes et les observations de Galilée, au XVIᵉ siècle, qui est à l'origine de la cosmogonie actuelle.

Ce sont les conflits sociaux des deux derniers siècles qui ont inventé le modèle de social-démocratie dans l'hémisphère Nord, que plus personne ne remet en cause.

Plus cyniquement, on peut constater que c'est la Deuxième Guerre mondiale et la guerre froide qui s'en est suivie, conflictuelles s'il en fallait, qui ont fait que les recherches somme toute assez innocentes sur la radioactivité de Pierre et Marie Curie, ont donné lieu au meilleur – l'énergie nucléaire – et au pire – Hiroshima et Nagasaki.

M. Wernher von Braun, avant d'être le génial concepteur de la Nasa et de la conquête de la une, était on ne peut plus activement impliqué dans les développements des V1 et V2, qui sont – heureusement – arrivés trop tard, pour faire basculer le monde entier dans l'horreur du nazisme.

C'est le conflit planétaire de la Seconde Guerre mondiale qui est à l'origine de bon nombre des objets et des engins qui nous entourent, de l'avion à réaction, en passant par l'hélicoptère, la pénicilline, le téléphone sans fil, les tissus à base de technologies chimique etc.

C'est encore du conflit entre les intérêts à court terme des rois du pétrole et les efforts internationaux de réduction du réchauffement de la planète, que naîtra l'avènement des autres sources massives d'énergie qui seront, dans l'ordre, le nucléaire, l'hydrogène, la fusion.

Que ce soit au niveau mondial, au niveau local ou au niveau des entreprises, ce sont toujours les conflits d'intérêts qui sont à la base des innovations. Le développement durable a par conséquent, vocation de maîtriser et de conduire les conflits, mais surtout de ne pas les nier.

L'indicateur de conflit qui vient immédiatement à l'esprit est le nombre d'heures – facilement reconvertibles en données financières – consacrées par les dirigeants, comme par les représentants du personnel, à la négociation permanente, à l'organisation des statuts, à l'identification des compétences émergentes et à l'échange sur les conceptions divergentes du devenir de l'organisation.

Le management durable est largement fondé sur le concept de négociation des conflits, et les indicateurs de négociation de ceux-ci est l'un des principaux, pour garantir la pérennité à long terme.

L'importance de cet indicateur, le plus souvent occulté, à cause des intérêts divergents, mérite que l'on s'y attarde.

Le management durable de l'organisation n'a surtout pas comme objectif de nier ces conflits, mais d'en identifier les racines et d'instaurer un mode de négociation acceptable pour tous, sachant que tout compromis ne sera que transitoire.

Le conflit dans les organisations trouve ses racines dans les trois types de pouvoirs : statutaire et économique, de compétence, idéologique.

Le pouvoir statutaire et économique

Il s'agit de l'ensemble des règles, procédures et moyens matériels dont dispose une personne ou un groupe, lui permettant d'exercer son pouvoir, de poursuivre ses intérêts et d'atteindre ses objectifs.

Ce pouvoir est le plus visible, souvent le plus sensationnel et par conséquent, très souvent confondu avec le seul pouvoir existant dans l'organisation, y compris d'ailleurs dans la théorie marxiste de l'organisation. Il s'agit néanmoins d'un pouvoir éphémère, qui peut augmenter, diminuer ou disparaître.

En effet, le pouvoir statutaire est un ensemble de règles et de moyens de coercition qui est attribué à un individu ou à un groupe dans l'organisation, mais qui peuvent leur être retirés, aussi vite qu'ils leur avaient été attribués.

Lorsque ce pouvoir n'est pas appuyé par un pouvoir de compétence et un pouvoir idéologique, il risque à tout moment de s'anéantir, au moins dans les sociétés démocratiques.

Le pouvoir de l'argent fait partie du pouvoir statutaire. Les cotations en bourse de ENRON, comme le pouvoir de ses dirigeants, se sont évanouis en moins de douze mois.

Le pouvoir de compétence

Le pouvoir de compétence est indissociablement lié à un groupe ou à des personnes physiques. Contrairement au pouvoir statutaire et économique, il ne peut pas être transmis d'une personne ou d'un groupe à l'autre, sans un processus long d'apprentissage.

Le pouvoir de compétence, par conséquent, est nettement plus important dans la dynamique de l'organisation que le pouvoir statutaire ou économique, qui peut changer de propriétaire du jour au lendemain.

Il est logique que les groupes ou personnes ayant un pouvoir de compétence, quitte à s'y accrocher, l'utilisent pour poursuivre leurs intérêts.

EXEMPLE   **L'EXERCICE DU POUVOIR DE COMPÉTENCE**

EDF aujourd'hui (2004), les ouvriers du Livre hier (1974), les transports publics (SNCF, RATP, les aiguilleurs du ciel) depuis toujours et pour encore longtemps, sont des exemples en France où le pouvoir de la compétence, ayant la maîtrise de l'outil de production et des services, s'exerce lorsque les groupes ou personnes ayant des intérêts opposés à d'autres ou à la société toute entière, sentent leur pouvoir menacé.

Le pouvoir de compétence a donné lieu, depuis l'Antiquité, à des corporatismes, garantissant à la fois aux clients et commanditaires, la qualité des produits et des services (les compagnons, bâtisseurs des cathédrales), la formation des apprentis et la fermeture hermétique du métier à tout non-initié.

Il n'y a pas de différence socio-économique notable entre les corporations ayant construit Chartres et celles qui ont construit Chernobyl. Si ce n'est que les premières étaient probablement mieux logées et nourries que les secondes et qu'elles disposaient, outre le pouvoir de compétence et accessoirement le pouvoir statutaire et économique, le pouvoir idéologique.

Celles qui ont construit Tchernobyl n'avaient que le pouvoir de compétences, mais nullement le pouvoir hiérarchique et économique et encore moins le pouvoir idéologique. On connaît le résultat.

Le pouvoir idéologique

Pour rester simple, l'idéologie est l'idée qu'un groupe ou qu'une personne se fait de ce que **devrait** être la société : entreprise, administration, organisation, nation, voire le monde.

Cette idée peut être religieuse, culturelle, sociale, économique, technologique même, mais elle est toujours basée sur un principe immuable : elle exclut le doute et, ce faisant, exclut l'autre.

Gérer la différence du pouvoir idéologique, dans une société qui est mondialisée, est la tâche la plus difficile, la plus ingrate et la plus longue dans la panoplie du management durable.

Pour avoir dirigé et consulté des groupes industriels à travers le monde, j'ai une conscience aigue de ce problème du pouvoir idéologique dans l'organisation.

Longtemps, c'est-à-dire, jusqu'à la quasi-disparition des syndicats au début de ce siècle, l'opposition idéologique a pu être réduite à la dichotomie patronat-syndicat. La réalité est bien plus complexe.

EXEMPLE   **DES INGÉNIEURS À IDÉOLOGIES DIFFÉRENTES AUX QUATRE COINS DU MONDE**

L'idée que se fait un ingénieur russe en électronique de l'espace de Kazan, au Tatarstan, de ce qu'est une entreprise et celle que s'en fait son homologue dans la même branche à Seattle, États-Unis, est diamétralement opposée. Ils font le même métier, ils utilisent les mêmes algorithmes – qu'ils échangent – ils gagnent tous les deux bien leur vie, mais ils ne sont pas inter changeables en l'état.

Ce n'est pas la barrière des langues – facilement surmontable – qui pose problème, c'est le concept même de l'organisation.

L'ingénieur de Seattle s'attend à être intégré dans une équipe, où il aura certes au début une petite voix, mais où il aura l'occasion de s'informer, d'affûter ses arguments et – qui sait un jour – faire prévaloir son point de vue.

L'ingénieur de Kazan attend les ordres. Quand ces ordres lui paraissent idiots, il en parle, au mieux, avec ses collègues en qui il a une confiance absolue, mais il les exécutera.

Pour l'ingénieur de Seattle, ne pas être écouté serait aussi incompréhensible que pour son homologue russe, ne pas recevoir des ordres.

Mais les différences du pouvoir idéologique ne se limitent pas aux différences de langue et de culture.

A l'intérieur même de l'organisation, que ce soit l'entreprise ou l'administration, on trouve des oppositions, parfois conflictuelles, rarement – explicitées – d'intérêt idéologique.

EXEMPLE   **LA SNCF, LE TER ET LA GARE DE PONT D'AIN**

La SNCF et le TER

Qu'est-ce que la SNCF ?

Un service public ?

Dans ce cas, l'idée que l'on s'en fait doit être celui du bien public. Les petites gares de province, par définition déficitaires, doivent être considérées – comme les écoles, les hôpitaux, les pompiers, la gendarmerie, la direction départementale de l'équipement (DDE), etc. – comme des services indispensables au bien-être des citoyens, pour lesquels ceux-ci consentent de payer des impôts.

Une entreprise privée, soumise par ses actionnaires aux exigences de rentabilité de tout investissement privé ?

Dans ce cas, l'idée que l'on se fait de la SNCF est celle d'une entreprise privée rentable, exigeant la fermeture de l'ordre de 500 gares sur le territoire hexagonal, irrémédiablement déficitaires, du point de vue strictement local comptable.

Dans l'optique de l'entreprise privée, il est évident que le train TER est condamné. Dans une optique de management durable, une telle application de l'idéologie de la rentabilité serait un désastre social, économique et environnemental.

La SNCF et la gare du Pont d'Ain

La petite gare de Pont d'Ain, dans l'Ain (01) a besoin, pour fonctionner, de quatre fonctionnaires en permanence. Cela représente de l'ordre de 500 000 € en salaires et charges par an.

En y ajoutant un minimum de 250 000 € par an en frais de fonctionnement, d'entretien et de maintenance, on arrive à 750 000 € par an, amortissement des terrains, du bâtiment, des quais, des rails et caténaires non compris.

Il est évident qu'en aucun cas, le produit de la vente des titres de transports et des abonnements étudiants puisse couvrir ces frais fixes de fonctionnement. En bonne logique économique étriquée, il faudrait fermer la gare de Pont d'Ain.

Dans une perspective de management durable, il faut au contraire soutenir à tout prix l'existence de cette gare : Pont d'Ain vit économiquement de l'existence sur son territoire d'une seule usine chimique, comptant une centaine d'ouvriers et de cadres. Ceux-ci ont des enfants, qu'il faut bien envoyer au collège et au lycée. Le trajet le plus économique se fait par la SNCF, de même que pour les ouvriers et employés de l'usine qui viennent de la campagne.

La gare s'active le matin, voyant arriver les ouvriers et employés et les quelques voyageurs de commerce, qui logeront à l'hôtel « Paris-Nice ». Le soir, la même activité s'observe, en sens inverse.

Fermer la gare et remplacer le service SNCF par une société d'autobus privée ? Aucun opérateur ne sera intéressé par une activité qui, de toute façon, sera déficitaire.

Fermer la gare quand même, et tant pis pour les voyageurs ? Pour le compte de la SNCF ce sera tout bénéfice. Pour la collectivité, cela signifie à terme la fermeture de l'usine, l'abandon d'une friche industrielle contaminée, la perte de la taxe professionnelle et d'une centaine d'emplois.

Le vrai problème n'est pas la rentabilité locale de la gare SNCF de Pont d'Ain, c'est son utilité sociale et économique au niveau de la région.

Ce calcul d'utilité suppose une négociation conflictuelle entre la SNCF (responsable d'une ligne et d'une gare déficitaire), la commune, les élus, les ONG et les quelques industriels locaux.

Conclusion

Le management durable ne se résume pas à un seul calcul comptable, même à long terme, mais à son utilité publique globalisée et comptabilisée.

Il faut un effort, de façon transversale, d'évaluer les retombées économiques, sociales et environnementales de ses décisions et ce, dans une perspective de longue durée.

La généralisation des pratiques comptables des organisations, autant indispensables qu'elles soient, a rendu celles-ci aveugles aux impacts sociaux et environnementaux, dont les retombées se retournent à court, moyen ou long terme contre elles-mêmes, contre ses dirigeants et ses commanditaires.

La maîtrise technique

Deux phénomènes ont provoqué la méfiance vis-à-vis de la maîtrise technique et son corollaire, l'exigence d'un contrôle continu des processus de réalisation des produits et des services dans le monde industrialisé.

La sous-traitance

Le premier phénomène est celui, qui a trouvé son origine aux États-Unis dans les années 20 du siècle dernier, et qui s'appelle la sous-traitance.

Henry Ford II le premier, avait compris dès 1924 qu'un constructeur de voitures n'était en fait qu'un assembleur d'équipements, dont il fallait mieux confier la réalisation à des usines indépendantes spécialisées – et bien évidement entièrement dépendantes des commandes de ce qui allait être l'industrie automobile.

L'autocontrôle

Mais comment garantir la conformité et la qualité d'un produit ou d'un service que l'on sous-traite à des artisans, n'ayant souvent même pas pignon sur rue ?

C'est ici que Ford II a fait montre de génie, en empruntant à la toute récente American Medical Association les règles très strictes d'organisation d'un métier.

Une certification qualité

Le raisonnement d'Henry Ford était simple : finalement, un médecin et un équipementier font le même métier. Le premier a affaire à des organes vivants, le deuxième à des organes inertes. Et tous les deux nécessitent entretien et – le cas échéant – intervention ou même remplacement.

Seulement voilà, n'est pas médecin qui veut bien se le proclamer. Après la guerre de Sécession des États-Unis, le nombre de « surgeons » autoproclamés, démissionnaires des armées de la Confédération comme de l'Union, pullulaient. Jusqu'au moment où

l'American Medical Association, en 1911, y mette de l'ordre, en spéci-
fiant que n'était reconnu comme médecin que la personne :

- ayant acquis un titre universitaire de médecin,
- disposant d'un cabinet médical, avec les moyens d'analyse et
  de soins qui s'imposent,
- acceptant de se soumettre à un contrôle, si nécessaire, de ses
  pairs.

En transposant ces quelques principes simples de la médecine à
l'industrie, Henry Ford a résolu le problème de contrôle et de suivi des
sous-traitants, qui étaient devenus ses fournisseurs.

En imposant des règles, des normes et surtout la traçabilité, il a
inventé sans le savoir les normes ISO 9001-2000 dans l'industrie et
dans les services.

La certification ISO 9001-2000 (la version actuelle de la norme
inventée par Henry Ford) n'est certes pas une garantie absolue pour la
qualité d'un service ou d'un produit. Mais au moins, elle garantit que
ceux-ci sont réalisés selon des règles auto-imposées, auditées par des
tiers indépendants et vérifiables par tout un chacun.

Une même exigence planétaire de qualité

En délocalisant leur informatique en Inde, les grandes banques et
assurances internationales ont assorti leurs contrats à des normes de
qualité, certifiées ISO 9001, mais dûment enregistrées dans leurs
cahiers de charges.

Le management durable se distingue, non pas par la préservation
frileuse des emplois dans le pré carré européen ou américain, mais
par une exigence planétaire de qualité, de respect de l'être humain et
de l'environnement.

La délocalisation des activités et des services dans le tiers monde n'a
rien de choquant, dans la mesure où ces transferts puissent apporter
dans l'hémisphère Sud davantage de prospérité économique, d'équilibre social et de moyens de respecter l'environnement sur place – et
accessoirement de pouvoir d'achat.

Je ne vois pas en quoi, dans le contexte de mondialisation que nous
connaissons et qui se développera, quelles que soient les résistances,

l'excellence de la qualité, pourvu qu'elle soit bien contrôlée, soit moindre à Bombay, qu'à Bordeaux, à Baden-Baden ou à Beying.

Considérer qu'apporter du travail au tiers-monde, c'est l'enlever à l'Europe ou aux États-Unis, c'est voir le travail, non comme une dynamique de développement durable, mais comme une équation à somme nulle.

Ce qui est une absurdité économique et sociale, née d'une conception du travail comme punition et non comme moyen d'épanouissement personnel et de développement socio-économique en commun.

Le travail, par définition, est une équation à somme non-nulle, dans laquelle l'effort de l'un apporte une valeur ajoutée à l'effort de l'autre.

Il est évident que ce processus de génération de valeur ajoutée est conflictuel et le restera toujours, parce que mal répartie, au moins dans l'opinion de ceux qui en reçoivent la part congrue, ce qui se conçoit.

D'où la nécessité impérative de négociation de partage. Et par conséquent, de mettre sur la table de négociation des indicateurs financiers.

La maîtrise environnementale

La maîtrise de l'impact sur l'environnement par l'industrie et les services est incontestablement la plus jeune des disciplines du management durable.

Ici encore, la norme ISO 14001, dont l'application est certifiée par un audit indépendant, permet à chacun de vérifier non seulement la tenue des objectifs clairement énoncés dans une déclaration de politique, mais aussi le respect des exigences légales en ce qui concerne l'environnement.

Dans une discipline aussi jeune que l'ingénierie de l'environnement, qui n'a vu le jour qu'il y a une vingtaine d'années, la certification d'un système de management devient un outil extrêmement puissant.

Motiver le secteur industriel

Par définition, les déchets, rejets, émanations gazeuses, bruits, risques ne sont que des sous-produits de l'activité industrielle.

Produire des plaques d'acier est une tâche noble. Augmenter la production non seulement valorise le personnel, les chefs de poste et le responsable d'exploitation, mais très souvent se traduit en primes et bonus très appréciables.

Jusqu'à maintenant, réduire de 50 % les émissions de SO_2 et les émissions de CO, maîtriser et épurer les effluents chargés de métaux lourds, diminuer les boues à mettre en décharge, la récupération de l'énergie de chaleur des hauts fourneaux, étaient des problèmes auxquels on prêtait attention occasionnellement, lorsque la DRIRE (Direction régionale de l'industrie, de la recherche et de l'environnement) se manifestait.

Lorsque la DRIRE brandit les foudres de la loi, pour cause de non-respect des réglementations, on écrit un rapport démontrant que tout rentrera dans l'ordre incessamment sous peu, et on met en route son plan de mise en conformité.

Après coup, on se rend compte que ce plan de mise en conformité aura un coût, et qu'il faudra bien trouver un budget, ne fût-ce que pour l'année à venir.

D'autant plus que l'entreprise industrielle – mais aussi l'administration ou les services – aura tergiversé devant ces investissements et mises en conformité inévitables.

Donner toute son importance aux aspects environnementaux

Le management de l'environnement est un poste économique – et par conséquent social – qui pèsera de plus en plus dans les comptes des entreprises et des organisations.

Le problème est que leurs cadres et ingénieurs responsables y sont peu préparés. A aucun moment de leur cursus académique, on ne leur a appris que l'impact des activités industrielles et administratives, dont ils ont la responsabilité, peuvent avoir des effets nocifs durables sur l'environnement et sur le corps social. Encore moins, comment mesurer ces impacts, les éliminer ou en réduire l'importance.

C'est sur le tas que les premiers spécialistes en ingénierie environnementale ont appris leur métier, dont les contours ne font que commencer à prendre forme. Les premières promotions d'ingénieurs spécialistes ne viennent qu'en 2002 de quitter les bancs de l'école.

Il leur faut d'urgence des indicateurs de suivi de gestion, qui sont des indicateurs financiers.

Suivre l'évolution de la législation

Le droit du travail, le droit du commerce, le droit de l'environnement, le droit fiscal, sans parler du droit pénal, sont autant de codes qui régentent la vie des organisations, des industries et des services.

Le plus souvent, les dirigeants industriels et du tertiaire ignorent cet aspect de la maîtrise managériale, laissant la tâche de comprendre la machinerie judiciaire à ceux ou celles dont c'est la spécialité. C'est oublier un peu vite que la responsabilité légale d'une société repose sur ses dirigeants.

Responsabiliser les dirigeants

Les normes OHSAS 18001 et ISO 14001 imposent une veille réglementaire des lois concernant l'hygiène et la sécurité, et l'environnement.

> ### Un bien maigre bilan
> *Après une centaine de certifications industrielles et quatre certifications de services réussies, en ISO 9001, ISO 14001, OHSAS 18001, à travers le monde, l'honnêteté m'oblige de reconnaître que l'obligation d'un suivi réglementaire et légal, imposé par les normes ISO 14001 et OHSAS 18001, se résume le plus souvent à un contrat passé avec un cabinet d'avocats. Les mesures de performance sont réduites, en général à la vérification de la conformité aux normes, ici et maintenant.*

Anticiper dans la mesure du possible la jurisprudence

Néanmoins, il faut souligner l'étroite relation, entre les exigences de la société en matière de maîtrise sociale, et surtout de l'environnement, et l'évolution de la législation.

Régularité legislative

Dans le domaine social, nous avons été habitués en France à des « éruptions » quasi décennales depuis deux générations de lois en tout genre :

- *1936 : les lois des congés payés de Léon Blum ;*
- *1946 : les nationalisations et les lois sur l'inspection du travail et la représentation syndicale de Charles de Gaulle ;*
- *1961 : la loi sur la participation ;*
- *1970 : la loi sur la décentralisation ;*
- *1981 : les lois sur les nationalisations ;*
- *2001 : la loi sur les 35 heures.*

Dans le domaine de l'environnement, s'y ajoute une alternance quasi rituelle entre les thèmes environnementaux, le développement technique de systèmes de mesures de plus en plus fines et le vote de lois de plus en plus contraignantes.

Il s'agit par conséquent pour le décideur, surtout en matière d'investissement et d'organisation du travail, non pas seulement de vérifier la conformité réglementaire ici et maintenant, mais d'anticiper, dans la mesure du possible, les lois et règlements. Il suffit pour cela, très souvent, de regarder au-delà de nos frontières.

Mais même en anticipant, il est impossible pour un non-spécialiste de suivre la jurisprudence en matière sociale et environnementale. Les services de spécialistes extérieurs à l'organisation sont par conséquent, d'une grande utilité. Mais quels que soient leurs verdicts, ils se traduisent par des coûts/bénéfices d'investissements et de fonctionnement.

Innover avec discernement dans les nouvelles technologies

Les contraintes financières qu'imposent à l'activité des industries et des services les exigences environnementales et sociales, obligent ces derniers à innover. Mais l'innovation technologique en soi n'est pas un but et demande à être maîtrisée. Prenons quelques exemples dans des domaines de pointe.

Maîtriser la technologie de la chaîne alimentaire

Ne pas se dérober
aux technologies industrielles de la filière alimentaire

L'élevage en batterie des volailles et du bétail, ou les cultures hors-sol sont des exemples d'industrialisation de l'agriculture ; mais aussi les fertilisants chimiques, les fongicides, les insecticides, les désherbants, sans oublier les colorants, les conservateurs, les agents anti-bactériologiques dans la nourriture et les boissons quotidiennes.

> #### Illusion
>
> *Vouloir choisir entre les technologies industrielles de la filière alimentaire et la biologie « douce » relève d'un phantasme d'un monde biologiquement « pur », qui n'a existé que dans l'imagination de citadins écœurés, à juste titre, par la pollution de leur ville.*

Traiter l'eau

Si l'eau, qui est à la base de la vie et par conséquent, de toute la chaîne alimentaire, n'est pas traitée, elle devient mortifère.

EXEMPLE   PESTES, GRIPPES ET HYGIÈNE DE L'EAU

La peste à Athènes (Ve siècle av. J.-C.), la Grande Peste européenne (1346-1352) qui a décimé plus d'un tiers de la population en Europe Occidentale, mais aussi, plus proche de nous dans le temps, la « Grippe espagnole », qui a tué au début 1920 plus que la Première Guerre mondiale (20 millions de morts), sont dues à une défaillance totale de la maîtrise de l'hygiène de l'eau. Et cette maîtrise, dans un monde qui comptera bientôt huit milliards d'habitants, passe par un traitement physico-chimique, qu'on le veuille ou non.

Industrialiser la chaîne alimentaire de façon responsable

Le problème de la chaîne alimentaire n'est pas de la rendre « naturelle » (quand est-ce qu'elle l'aurait été ?), mais de la maîtriser, sans la brimer.

En finir avec la dispute stérile des OGM

C'est pourquoi la dispute sur les OGM est stérile. Les organismes génétiquement modifiés ne sont qu'une des techniques qui font intrusion dans l'industrie alimentaire. Elle doit se situer comme les autres techniques dans une perspective de responsabilité et de réversibilité. Il est urgent de sortir des invectives quasi religieuses au sujet des OGM.

La maîtrise de la chaîne alimentaire passe inexorablement par un calcul coûts/bénéfices.

Faire le choix de technologies appropriées de l'énergie

Les choix de technologie de l'énergie sont de ceux qui font probablement – avec ceux des transports – l'objet d'une accumulation d'hypocrisies et de faux-semblants à travers l'Europe.

Stopper le gaspillage des hydrocarbures

L'utilisation des hydrocarbures comme combustible de moteurs est un non-sens technologique, économique et politique.

Les hydrocarbures sont des denrées rares, limitées et riches, dont les applications potentielles physico-chimiques sont immenses. Nous brûlons littéralement les réserves de matières nobles de nos enfants.

Il faut à tout prix faire comprendre à l'opinion publique mondiale et plus spécifiquement européenne, que la molécule du pétrole est une molécule noble, qui peut être utilisée dans la pharmacie, dans l'agro-alimentaire, le bâtiment, la peinture, la maintenance industrielle, la chimie industrielle...

Prospective

Si l'on continue à utiliser cette matière noble comme combustible des moyens de transport, le transport des personnes et des biens s'arrêtera, au plus tard en 2075, sur terre, dans les airs et sur mer, c'est-à-dire dans deux à trois générations au plus tard.

Les impacts sur l'environnement, sur l'hygiène et la santé publique, sur la qualité des services publics ne sont même pas pris en compte ici, mais il serait facile de les calculer, et le résultat de ce calcul serait désastreux.

Développer l'énergie nucléaire

L'énergie nucléaire est la seule énergie propre et inépuisable qui existe, en dehors de l'hydrogène et de la fusion, qui restent à être développés industriellement.

L'affirmer, est-ce ignorer Three Miles Island et Tchernobyl ? Evidemment non, mais le vrai problème du nucléaire, en dehors du problème immense de communication sur la réalité du cycle nucléaire, ne réside pas dans les dysfonctionnements de la maintenance des deux centrales en question ; il est celui des déchets nucléaires hautement radioactifs. Et la solution technologique à ce problème existe.

Résoudre le problème des déchets radio actifs

SUPERPHÉNIX en France était l'une des solutions de régénération permanente, qui rendrait la filière nucléaire autosuffisante, éliminant en même temps le véritable danger des déchets radioactifs. Une décision politique fondée sur la démagogie répondant à l'angoisse face au nucléaire, a fait que la solution technologique a été abandonnée au profit de l'enfouissement, la pire des échappatoires.

Que l'on soit pour ou contre l'énergie nucléaire, les déchets hautement radioactifs des centrales existent, sans parler des déchets des sous-marins et autres engins nucléaires désactivés en Europe de l'Est et en Russie depuis la chute du mur de Berlin.

Vous avez parlé de développement durable ?

Les enterrer ou les faire sombrer dans la mer de Barents, au lieu de les recycler, revient à faire confiance aux ingénieurs et techniciens des générations futures d'assurer la maintenance de ces sites. Et ce, dans un continent, l'Europe, où l'on s'est entre-déchiré de mémoire d'homme depuis 2000 ans…

Maîtriser le nucléaire comme les autres sources d'énergie

Arrêter la filière nucléaire n'est simplement pas possible, parce qu'il faudra de toute façon la gérer. Elle reste, pour le monde industriel comme pour le tiers-monde, la source la plus sûre et la plus fiable d'énergie, à condition qu'elle soit maîtrisée.

Une condition qui vaut pour toutes les sources d'énergie, du feu en passant par l'eau, le vent, la chimie, l'hydrogène, la fusion et finalement, le génie humain.

Il faut avoir le courage de faire le calcul honnête coûts/bénéfices de l'énergie nucléaire.

Ajuster l'utilisation des énergies « renouvelables » en fonction des besoins

L'hydraulique

• Un usage irresponsable de la technologie de l'hydroélectrique

Le barrage de l'Inga en République Démocratique du Congo, le lac Nasser en Egypte, le barrage d'Itaipú au Brésil nous ont montré, si besoin en était, que les œuvres pharaoniques destinées à l'origine à fournir à leur immense pays l'énergie dont ils avaient un besoin urgent, sont des désastres économiques, écologiques et sociaux. La Chine l'apprendra à ses dépens, quand les Trois-Gorges seront devenus une réserve d'eau pour leur plus grand barrage du monde.

Faut-il pour autant condamner l'énergie hydroélectrique ? Certes pas, mais à condition qu'elle respecte les milieux environnementaux, sociaux et qu'elle soit économiquement justifiée. Ni à Itaipú, ni à Inga, ni au lac Nasser, c'était le cas. Et on peut se poser des questions sérieuses sur les Trois-Gorges.

• Un usage responsable de la technologie de l'hydroélectrique

La Norvège est un exemple de la bonne utilisation de la technologie de l'hydroélectrique. Malgré sa richesse pétrolière, le pays ne compte pas de centrales thermoélectriques, tirant ses besoins énergiques (huitième producteur et troisième exportateur de pétrole du monde) – y compris ses besoins industriels – de ses innombrables installations hydroélectriques, dont la taille est adaptée à la consommation prévisionnelle, et non à la taille des fleuves.

Lorsque l'électricité ainsi générée sert d'alimentation de fours électriques des aciéries, l'eau de refroidissement est collectée en bassins d'élevage d'alevins de saumon, qui après avoir atteint la taille nécessaire, seront transférés par camions dans des réserves halieutiques situées dans les fjords. Certes, la Norvège qui ne compte que 5 millions d'habitants, est un pays tout en longueur et très étroit, qui n'a aucun fleuve immense, comparable au Paraná, au Congo ou au Nil.

◦ Initier une autosuffisance énergétique localisée

> – Le Brésil, hormis du Nordeste, compte sur son immense territoire suffisamment de fleuves et de rivières de petite ou moyenne importance, qui auraient pu donner naissance à des centaines de mini centrales hydroélectriques, régulant en même temps les besoins locaux d'énergie, d'irrigation des terres et par là même, fixant des populations sur place, qui actuellement font gonfler démesurément les favelas de São Paulo.
>
> – En République Démocratique du Congo, les mêmes conditions hydrogéologiques permettant la génération locale d'énergie, l'irrigation et la fixation de la population, auraient endigué au moins partiellement l'explosion démographique ingérable de Kinshasa.
>
> – En Égypte, une politique intelligente de canaux, à partir du Nil, aurait été un moyen de générer de l'énergie, tout en fournissant l'eau aux paysans qui n'auraient pas été de ce fait, obligés de gonfler la population déjà débordante du Caire où le crime, la drogue et la prostitution le disputent au travail honnête.

A œuvres gigantesques, mégalopoles gigantesques, misère sociale gigantesque et insécurité gigantesque. Mais évidemment, une initiative d'autosuffisance énergétique localisée ne permettra jamais aux méga-lomanes à l'initiative de ces œuvres pharaoniques de rentrer dans l'Histoire.

En conclusion

L'énergie hydraulique non polluante qui ne détruit pas le tissu social et est économiquement justifiée, est une énergie de proximité. De quoi faire vivre un village, voire une ville. Mais certainement pas une mégapole ou une usine d'aluminium très gourmande en électricité.

EXEMPLE   **LA SOLUTION PHOTOVOLTAÏQUE POTENTIELLE**

Au Monténégro, petit État au fond des Balkans, alimenté en énergie par l'hydroélectrique, lorsque le seul four électrique d'aluminium se met en marche, l'électricité est coupée pour l'ensemble de la population (500 000 habitants). Simplement parce qu'il faut choisir entre l'industrie et le confort à la maison.

Il est incontestable qu'au Monténégro, l'énergie solaire pourrait fournir la plupart des besoins en électricité des maisons individuelles, mais encore faudrait-il que les compétences en installation et en maintenance continue des cellules photovoltaïques soient disponibles (ce qu'elles ne sont pas), que la distribution de l'électricité ne soit plus un monopole de l'État (ce qu'elle reste, à l'instar du modèle français actuel de 2004), et que les installations individuelles soient accessibles à une population dont le revenu annuel ne dépasse pas en moyenne 700 €. C'est pourquoi il faudrait financer l'installation et la maintenance des cellules photovoltaïques sur les toits des maisons monténégrines.

L'expérimentation massive en Sicile, du four concentrique de 20 MW du professeur Carlo Rubbia, démontre que des applications industrielles, non seulement en Europe du Sud, mais dans l'ensemble de l'hémisphère Sud sont possibles. A la seule condition qu'elles soient intégrées dans un programme de formation à la maintenance et au transfert technologique, dont l'absence a fait échouer toutes les tentations de mise en place de centrales photovoltaïques en Afrique subsaharienne.

Une utopie ? Non. Un manque de volonté ? Oui.

Les éoliennes

Les moulins à vent, inventés par les peuples du Sud méditerranéen au XIIIe siècle et importés par la suite en Galicie, en Provence et aux Pays-Bas, avaient tous une caractéristique commune :

- Ils produisaient suffisamment d'énergie pour moudre le blé, écraser les olives pour en extraire l'huile, ou encore broyer les noix ;
- Ils avaient et, pour ceux qui ont survécu, ont encore une qualité esthétique indiscutable.

Leurs successeurs, les éoliennes, sont non seulement des machines hideuses qui déforment les paysages mais en plus sont d'un coût de maintenance exorbitant (0,3 € par Kw/h) et d'un rendement extrêmement faible (1,6 MW pour les plus performantes).

Le seul avenir des éoliennes est l'installation de batteries en mer de proximité, en dehors des grands couloirs de transport maritime, sachant que pour arriver à la puissance d'une seule centrale thermique à flamme (charbon ou fuel) qui produit de l'ordre de 150 MW, il faut une centaine de pylônes à hélices de 80 m de haut. Excepté le coût d'investissement, les coûts de maintenance sont rédhibitoires.

Les limites de cette source d'énergie

Il paraît évident que les éoliennes sont destinées à servir des pays peu peuplés, peu industrialisés, ayant des espaces de mer à proximité importants et qui pourraient probablement être programmées en même temps que la désactivation des plates-formes pétrolières dans les vingt années à venir, notamment en mer du Nord.

Leur génération d'énergie serait faible, mais ne coûterait pas grand-chose, hormis la maintenance, néanmoins d'un rapport coût/bénéfice médiocre, vu la faiblesse de production par unité et le coût de maintenance.

L'hydrogène

Le véhicule individuel ou collectif du XXIe siècle marchera à l'hydrogène ou ne marchera pas.

La seule matière inépuisable dont nous disposons et qui s'auto-génère est l'eau. Faut-il encore que nous la respections et la gérions. La ressource de l'eau sera l'objet des guerres de ce siècle. Israël, la Jordanie, la Palestine, l'Egypte, mais aussi le Mercosur, doivent dès à présent négocier l'eau, sinon les Balkans, l'Inde, la Chine, la Russie risquent de connaître des tensions autour de l'accès à l'eau, aussi, sinon plus sérieuses, que celles que nous avons connu et connaissons encore autour des matières premières et du pétrole. L'eau sera la matière première du XXIe siècle.

Prospective

Son exploitation remplacera celle du pétrole, dont l'extinction des réserves, quel que soit le délai annoncé, n'est non seulement prévisible, mais dont la consommation irresponsable devrait et pourrait être arrêtée dans un délai de cinquante ans au maximum.

Un laps de temps aussi court que celui qui s'est déroulé entre les inventions des premiers moteurs à explosion et l'explosion du marché de la voiture aux États-Unis puis en Europe, soit à peine deux générations (1900-1950).

La géothermie

Les investissements en géothermie qui seraient du même ordre de grandeur – très lourd – que ceux que nécessitent des forages de pétrole en grande profondeur, n'ont jamais attiré les capitaux, sauf en Islande, où il y a abondance de sources assez faciles à exploiter, mais pratiquement pas d'industrie pour l'utiliser.

Prospective

Avec l'hydrogène, la fusion et le nucléaire, il est probable que la deuxième moitié de notre siècle connaîtra un développement considérable, la technologie étant connue et maîtrisée et le rapport coût/bénéfices probablement nettement avantageux, en comparaison avec le nucléaire ou le pétrole.

La fusion

Là, où l'hydrogène se trouve sur le seuil d'applications industrielles de masse, la fusion est encore au stade de recherche en laboratoire et il est peu probable que les deux générations à venir en verront des applications de masse.

Le charbon

Le cycle du charbon comme source d'énergie, désormais quasi éteint dans l'hémisphère Nord, fournit un matériau pédagogique excellent pour l'apprentissage de la sortie du tout pétrole en douceur.

En l'espace d'à peine deux générations (1930-1970), le charbon comme source d'énergie de masse aura accumulé toutes les erreurs :

- Au niveau social, un manque total d'hygiène et de sécurité dans les méthodes d'extraction ;
- Au niveau environnemental, une défiguration des paysages et un passif environnemental des sous-sols, qui se payera pendant encore trois générations au moins ;
- Au niveau économique, un manque total de prévision et de prospective de sortie du cycle, même si des plans de sortie – mais nullement des plans de reconversion – ont été élaborés, tout juste à la fin du cycle.

Les rois du pétrole auraient tout à gagner à étudier attentivement les erreurs passées des rois du charbon, pour éviter de les refaire et de sombrer, comme leurs prédécesseurs, dans une paupérisation généralisée.

La biomasse

La génération de méthane en petite quantité peut avoir un certain intérêt au niveau individuel, mais n'est adaptée ni à l'environnement urbain, ni à des besoins dépassant la maison individuelle. On n'installe pas un générateur de méthane dans un appartement au sixième étage.

Prospective

Sachant que 70 % de la population mondiale sera urbaine, d'ici 2025 et qu'il est moins que probable que l'habitat en hauteur soit échangé à ce moment-là par des pavillons de banlieue, avec jardins et cerisiers en fleurs, il ne semble pas très sérieux de compter sur un apport massif de cette source potentielle d'énergie comme technique autonome pour les ménages.

Le développement durable est un problème de tous

Tout pouvoir politique, de l'Antiquité à nos jours, a eu deux obsessions pour survivre ; l'énergie et la nourriture, à laquelle s'ajoutera au XXIe siècle, l'eau.

Intégrer la politique agricole commune de l'Union européenne au développement durable

En ce qui concerne la nourriture, la politique agricole commune de l'Union européenne démontre clairement, si besoin en est, que le phantasme de la pénurie joue pleinement en faveur des grands propriétaires de terrains agricoles. Le développement durable est acceptable, mais quand il s'agit de faire rentrer le soja ou le maïs brésilien sur notre marché, la réponse est non.

Redistribuer les cartes en matière d'énergie

Depuis toujours, en Europe, en Chine ou aux États-Unis, l'organisation de l'énergie a été un privilège du pouvoir régalien mondial.

Exclure définitivement l'esclavage des sources d'énergie

D'innombrables témoignages historiques, provenant de nombreux pays de tous les continents, prouvent que l'esclavage a été la forme d'énergie la plus communément utilisée depuis quatre mille ans.

Des lettres patentes, émanant de France, d'Espagne, de Russie, de Turquie ou d'Angleterre attestent, au moins pour l'hémisphère Nord, de la normalisation régalienne de cette source d'énergie qu'était l'être humain réduit en esclavage.

L'organisation de cette énergie humaine était parfaitement codifiée dans l'histoire moderne à la fois au niveau des tribus et des États : les États africains ou arabes « produisaient » les esclaves, les États européens, arabes, chinois et japonais, « les consommaient, les transportaient et les produisaient » en même temps.

> **Un modèle entaché**
> N'oublions pas que 500 avant J.-C., Athènes, modèle de nos démocraties, comptait 10 % de citoyens électeurs et éligibles, pour 20 % de métèques (étrangers) et 70 % d'esclaves…

Libérer l'énergie domestique du monopole énergétique

Au XXIe siècle, il faudra une fois pour toutes faire la distinction entre l'énergie industrielle et l'énergie domestique.

L'énergie domestique qui devrait être le choix du citoyen, et libre à lui de la produire ou de l'acheter comme bon lui semble, et où l'intervention de l'État est totalement inopérante, sa génération n'ayant ni un impact environnemental, ni de sécurité lorsqu'il s'agit d'énergie solaire, de biomasse ou de géothermie.

Le monopole étatique dessert les usagers privés et prive les États d'économies substantielles

Le monopole de la production et de la distribution de l'électricité et du gaz, est un droit régalien qui, pour les consommateurs privés, non seulement ne présente que des inconvénients mais en plus augmente une demande d'énergie centralisée, qui pourrait baisser de 30 % minimum, par la mise en place d'un programme d'autosuffisance des ménages en consommation électrique et ce, au niveau de l'Union européenne.

Technologiquement, techniquement, financièrement l'Union européenne a les moyens d'équiper l'ensemble de ses citoyens de systèmes individuels et indépendants de génération d'énergie domestique. Ainsi, la dépendance du pétrole comme combustible diminuerait d'environ 30 % dans des pays comme la France, l'Allemagne ou la Grande-Bretagne.

Mais cela suppose que ce droit régalien, séculaire, de la production de l'énergie soit aboli. Non pas au profit de quelques groupes multinationaux, mais au profit des particuliers. Soit un bouleversement total en France des pouvoirs que se sont partagés depuis soixante ans (1944-2004) les gouvernements successifs, les syndicats et les gestionnaires des sociétés d'énergie.

Et pourtant, le respect des accords de Kyoto sur les émissions de gaz à effet de serre, ne peut passer que par une privatisation individualisée de la production d'énergie domestique. Diminuer de 30 % les émissions de gaz à effet de serre est techniquement possible. A condition de casser le carcan régalien de l'énergie, au bénéfice des consommateurs individuels.

Relancer la filière nucléaire pour l'énergie industrielle

Il est présomptueux de prétendre qu'une batterie d'éoliennes ou un parc de capteurs photovoltaïques puissent alimenter en énergie un four électrique de ferromanganèse ou le réseau SNCF.

Un seul haut-fourneau d'aluminium consomme 200 MW au minium, soit l'équivalent de 150 éoliennes, étant donné que la fragilité de ces appareils impose un arrêt – vérifié au Danemark, en Allemagne de l'Est, en Hollande… – de 20 % du parc pour manutention.

L'alternative est simple

- *Continuer la filière des centrales thermiques à flamme, qui sont un désastre écologique dans le monde entier, vu les problèmes de réchauffement de la planète ;*
- *Relancer la filière nucléaire, en poussant les recherches sur le recyclage des déchets.*

Il est évident que la deuxième solution est la seule envisageable pour les générations à venir, en attendant que l'hydrogène prenne en partie la relève.

La Finlande, en Europe, est le premier pays à avoir le courage de décider de relancer la filière nucléaire. Il est clair que d'autres suivront, et que les technologies de maîtrise et de contrôle des déchets se développeront en parallèle.

Les transports

Si le principe de précaution avait été appliqué par décret au 1er janvier 1900, il n'y aurait pas eu ni de Renault, ni de Citroen, ni de Peugeot, ni de Fiat, de Ford, de Mercedes Benz, de Volkswagen, etc.

Arrêter le développement inconsidéré des transports individuels

Non seulement la voiture individuelle à base d'un moteur à explosion d'hydrocarbures est la source principale d'émission de gaz à effet de serre, accessoirement cancérigène. Son développement oblige à des investissements et à la maintenance d'un réseau routier au niveau de la nation. Il nécessite de plus l'occupation d'espaces dans les villes et villages que le contribuable paye. Mais surtout, la route est devenue, avec plus de 30 000 morts par an dans l'Union européenne des 25, le premier facteur de mortalité.

Faut-il pour autant interdire la voiture individuelle ? Evidemment non. La solution passe par une redéfinition de la politique des transports publics, dans les campagnes et les villes.

Repenser la politique des transports publics en termes de rentabilité sociale, environnemental et socioéconomique

Déjà, des expériences convaincantes de gratuité des transports publics – en Belgique – démontrent qu'une politique de transport fondée sur le principe du service public gratuit non seulement est viable, mais est économiquement moins cher que l'aménagement, l'entretien, la surveillance et la gestion des infrastructures nécessaires à l'utilisation de la voiture individuelle.

Il ne faudra pas plus de deux générations, d'ici 2050 au plus tard, pour convaincre les habitants de Londres, Paris, Berlin, Shanghai, Moscou ou New York, d'exiger des équipements de transports publics et de considérer la voiture individuelle comme un accessoire de la maison de campagne. Après tout, il n'a fallu que deux générations pour les convaincre que la voiture privée était non seulement, le moyen de déplacement indispensable, mais en plus un symbole de réussite sociale au moins égal à la maison ou au compte en banque. Ce qui s'est fait en deux générations pourra se défaire en deux générations.

Relever le défi

La reconversion des industriels de la voiture individuelle vers les transports en commun est un défi économique, social et environnemental qu'il faudra relever dans la génération à venir. Cette reconversion aura des répercussions sur l'emploi, l'aménagement du territoire, les services et notamment le commerce. Personne, à ma connaissance, n'a encore évalué ces répercussions, mais elles s'imposeront par nécessité physique, économique et environnementale. Le bilan financier à moyen terme (2050) reste à établir.

Maîtriser le développement de l'industrie de l'information

En l'espace de moins de deux générations (1945-1990) l'industrie de l'information est devenue la plus puissante du monde, en termes d'impact, de bénéfices, de pouvoir et d'emprise sur la vie quotidienne.

CNN et Bill Gates, Time Warner et le groupe Lagardère, IBM, mais aussi le matraquage publicitaire auquel nous sommes soumis par tous les moyens, l'Internet, la mise en réseau mondial de l'information, sont autant d'exemples qui prouvent que l'industrie de l'information a désormais le premier rôle dans le développement durable.

Néanmoins, ce basculement vers l'économie virtuelle ne diminue en rien la responsabilité du gestionnaire en termes de management durable. Plus encore, le fait que l'Europe et les États-Unis évoluent vers une société d'information et de matière grise, développe leur intérêt à transférer leurs activités industrielles vers l'hémisphère Sud d'une façon équilibrée en respectant les équilibres vitaux économiques, sociaux et environnementaux dans les deux hémisphères.

L'optique différente du management durable

Le problème, dans une perspective de management durable, n'est pas de savoir si on doit délocaliser l'activité industrielle de base, le problème est de savoir **comment** *le faire, et à quel rythme, en termes économiques, sociaux et environnementaux acceptables dans le très long terme (horizon 2100) pour l'ensemble de la planète.*

Ce basculement du poids économique, social et technologique de l'industrie lourde, des cheminées qui crachent et des usines qui rejettent leurs effluents, vers une activité économique et sociale qui maîtrise l'information, est encore passé inaperçu pour la plupart des théoriciens du développement durable dans l'hémisphère Nord.

Donner tout son sens au qualificatif « durable »

Savoir se remettre en cause

Le développement durable, comme démarche de réflexion et d'action qui dépasse la durée de plusieurs générations, met en cause une bonne partie des certitudes sociales, économiques et écologiques.

Les certitudes sur l'énergie (le refus obstiné du nucléaire), la politique du tout automobile (au détriment de l'investissement et des budgets de maintenance des transports publics), le refus « religieux » des OGM (au mépris des besoins alimentaires des pays de l'hémisphère Sud), et enfin le manque total de maîtrise de l'information, ne peuvent soutenir l'analyse critique d'une prospective sur les siècles à venir, alimentée par l'expérience des quelques siècles qui nous précèdent.

Et lorsqu'on traite du développement durable, c'est bien de la durée qu'il s'agit.

Gérer avec clairvoyance les risques sur le long terme

Pour maîtriser le développement durable et son corollaire pratique, le management durable, dans les entreprises et les organisations, il faut d'abord être capable de mesurer, à partir de paramètres vérifiables, leurs capacités à produire des biens et de services, dans des conditions économiques, sociales et environnementales, acceptables pour la collectivité.

La question qui se pose, à travers la lecture de ces indices de paramètres n'est pas seulement celle des performances passées, mais surtout celle des risques et des chances pour l'avenir. C'est ainsi que la gestion du risque fait son apparition dans le concept de management durable.

Pour qu'un développement économique, social et écologique soit durable, c'est-à-dire destiné à durer plusieurs générations, il faut être capable, maintenant et dans les années à venir, de maîtriser les risques. Ces risques, pour l'entreprise comme pour l'organisation, doivent être saisis en termes financiers.

La maîtrise financière est à la fois la condition indispensable à la mise en place d'un système de management durable, et la menace la plus importante sur sa réussite :

- La condition indispensable : le management durable ne peut être fondé que sur un calcul à court, moyen et long terme, des coûts/bénéfices de la gestion sociale, de la gestion environnementale et de la gestion économique ;
- La menace : l'inconvénient avec les économistes en général et les financiers en particulier, c'est qu'ils oublient que la carte n'est pas le territoire, que les indicateurs ne sont qu'un miroir de la réalité à un moment de la journée, et que le coucher du soleil peut changer les ombres en faces éclairées et *vice versa*.

En conclusion

Pour avoir droit de cité plein, vis-à-vis des actionnaires, des investisseurs potentiels, mais aussi des médias, du public et de leurs employés, clients et fournisseurs, le management durable de l'entreprise ou l'organisation doit s'exprimer dans une seule langue, qui est celle des précisions, des réalisations et des bilans financiers.

Mais n'oublions pas que s'exprimer en langage financier ne veut nullement dire, favoriser le court terme.

Chapitre 8

Grands projets, management durable et prospective

Le management durable commence par une vision à très long terme (deux à trois générations, c'est-à-dire 2100 lorsqu'on est en 2005) du rôle social, économique et de l'impact environnemental d'une organisation ou entreprise existante ou d'une entreprise ou organisation en création.

Aussi longtemps qu'on n'en finira pas avec la myopie des dirigeants actuels et futurs des entreprises et des organisations, le développement durable – tout comme le développement soutenable – resteront des incantations de messes nationales, multinationales et internationales.

Si les grandes messes du développement durable ne se concrétisent pas en actions de management des organisations – non pas des ONG, des officines gouvernementales ou des partis politiques, mais des entreprises et des services publics – les cataclysmes annoncés par les observateurs qui ne sont pas aux commandes ne sauront que se réaliser.

L'action sur le terrain commande que l'on passe du développement durable au management durable.

Les principes de la prospective

La prévision économique, sociale et environnementale est, par définition aléatoire. Elle nécessite des méthodes de la prospective, dont Thierry Gaudin[1] a été l'un des initiateurs au niveau mondial.

3 principes méthodologiques simples

La prospective repose sur trois principes méthodologiques simples :

1- Analyser le passé, en vue de comprendre la genèse du présent ;

2- Identifier les paramètres du présent, en les chiffrant en termes économiques, sociaux et environnementaux, dans la mesure du possible, en vue de se projeter dans l'avenir ;

3- Élaborer des scénarios de développement.

Management durable et prospective : une relation étroite

Trois études de cas de très grands travaux illustrent mieux que toute théorie la relation étroite entre le management durable et la prospective.

La première, Eurotunnel, est la chronique d'un désastre économique annoncé. La deuxième, l'aéroport de Notre-Dame-des-Landes en Loire-Atlantique, pourrait devenir un exemple de management durable. La troisième qui concerne l'organisation des Jeux Olympiques, montre comment intégrer le déclin du projet, dès sa conception.

---

1. Voir bibliographie.

Eurotunnel : le contre-exemple
d'une approche de management durable

Manque de vision et d'analyse

Quand Eurotunnel en était au stade de projet, la simple analyse des problèmes de sécurité et d'immigration des ports et des aéroports aurait dû faire augmenter le budget de sécurité prévisionnel de 50 % dès le départ. Ne pas avoir tiré les conséquences de la présence de candidats à l'immigration clandestine vers le Royaume-Uni à quelques kilomètres – à Sangatte – ne semble pas très sérieux

Le paramètre du passage du TGV dans l'un des paysages les plus riches, mais très vulnérables du point de vue écologique – dans le sens politique comme dans le sens environnemental – dans le sud-est de l'Angleterre aurait dû être pris en compte dans les calculs de rentabilité de la ligne TGV et donc, dans l'attractivité de l'Eurotunnel. Les lords n'aiment pas beaucoup que l'on coupe leurs domaines séculaires à plus de 200 miles à l'heure.

Outre les dépassements des budgets d'investissements d'origine, les coûts de maintenance, largement gonflés par une cascade de sous-traitants mal contrôlés, font exploser les frais d'exploitation. A court terme, cette politique de sous-traitance aura permis aux responsables économiques de démontrer et surtout de se convaincre, eux-mêmes, qu'ils étaient des « bons gestionnaires ». A moyen et long terme, cette politique s'avérera socialement et économiquement désastreuse.

Faut-il attribuer la débâcle annoncée de la société Eurotunnel à la direction actuelle ou future de la société ?

Non, mais au manque total de vision à très long terme de cette opération, au manque d'analyse des risques sociaux, des impacts environnementaux et au manque de prévisions économiques en conséquence.

Les antécédents

A l'instar des compagnies du canal de Suez et du canal de Panamá qui ont souffert en leur temps exactement du même manque de management durable, et ont coûté cher à leurs petits actionnaires, l'Eurotunnel mettra à mal les malheureux porteurs de parts de la société, quand celle-ci aura fait faillite.

Mais l'ouvrage, comme le canal de Suez et celui du Panama, ne disparaîtra pas pour autant.

Rapide bilan des erreurs commises

En dehors de la prouesse technique incontestable que constitue le tunnel sous la Manche, aucune réflexion à très long terme n'a été menée, incluant les aspects sociaux – en l'occurrence, la sécurité de l'ouvrage – les aspects environnementaux – en l'occurrence l'impact d'une ligne TGV sur l'équilibre socio écologique du sud-est de l'Angleterre – et les aspects économiques – en l'occurrence, les coûts d'entretien et de maintenance.

Le tableau des erreurs commises peut être présenté comme un cas d'école des erreurs économiques, sociales et environnementales dues à l'absence de management durable.

	Social	Environnemental	Économique
Court terme (5 ans)	Sous-estimation de la pression démographique Sud-Nord	Manque de communication sur l'impact des travaux	Sous-estimation du coût de la sécurité, de l'environnement et de la maintenance
Moyen terme (5 – 15 ans)	Rétrécissement des libertés de circulation (espace Schengen), renforcement des mesures de police	Manque de prévision d'ouvrages respectant le paysage (lignes souterraines)	Coût sous-estimé de 50 % pour les protections des biens et des services
Long terme (au-delà de 15 ans)	Ouvrage sous haute surveillance, à l'encontre de son objectif d'amélioration de libre circulation des biens et de personnes	Risque d'abandon du site, avec une friche industrielle comparable à celle des charbonnages des années 1960-80	Faillite de la société actuelle, reprise par une entité étatique et plan d'indemnisation des petits actionnaires

Le futur aéroport de Notre-Dame-des-Landes (Loire-Atlantique) : un exemple de réussite potentielle de management durable

Rappelons dans un tableau synoptique de prospective la trame de réflexion pour un management durable :

	Social	Environnemental	Économique
Court terme (5 ans)	Risques/Avantages immédiats	Impacts probables	- Investissements/ Retour sur investissements - Résultats financiers directs - Résultats financiers induits
Moyen terme (5 – 15 ans)	- Évolution démographique - Urbanisation - Emplois - Transports - Immobilier	Mesures préventives et correctives	- Retombées structurantes - Entretien et maintenance
Long terme (au-delà de 15 ans)	- Scénarios de développement - Scénarios catastrophe	- Mesures de conservation - Mesures de réversibilité	- Coûts de maintenance - Coûts de reconversion

Voici comment a été menée la réflexion à propos de l'aéroport de Notre-Dame-des-Landes

L'impact social

Pour le court terme, préparer l'intégration puis la sédentarisation de la main-d'œuvre immigrée

Les travaux de BTP de l'aéroport nécessiteront une main-d'œuvre abondante, qui sera sans doute étrangère à la région, probablement d'origine immigrée, très souvent avec une famille nombreuse, habitant très loin – en France ou à l'étranger.

Il s'agit de préparer l'intégration de ces opérateurs en termes de formation, d'éducation, d'accueil physique et psychologique et de communication avec la population sédentaire actuelle. Puis de prévoir leur sédentarisation locale, au moins pour la majorité d'entre eux, après la fin des travaux.

Des migrations irréversibles

L'histoire des migrations économiques, depuis le début de la deuxième révolution industrielle au moins (1850-1950), c'est-à-dire depuis huit générations, aurait dû nous apprendre que celles-ci sont irréversibles.

Les Irlandais ayant immigré aux États-Unis, les Italiens au Brésil et en Argentine ou encore les Polonais ou Maghrébins ayant immigré en France et les Turcs ayant immigré en Allemagne sont rarement retournés dans leur pays d'origine, fortune faite.

Avec une si longue expérience de la migration économique, il est étonnant qu'il n'y ait pas – à ma connaissance – des planificateurs, économistes, ingénieurs, sociologues, qui aient conçu des stratégies pratiques de prévision des besoins et des problèmes socioculturels et économiques qu'engendrent immanquablement les très grands travaux.

Dans le cas concret du projet d'aéroport de Notre-Dame-des-Landes, le management durable implique la prévision à long terme concernant le logement, l'insertion, l'éducation, les équipements sociaux, les équipements d'assainissement, l'aménagement du territoire, les transports, etc.

Pour le moyen terme, prévoir l'impact sur l'évolution démographique et sur l'aménagement du territoire

A moyen terme (5 à 30 ans), la mise en place de l'aéroport aura un impact significatif :

- Sur l'évolution démographique de la région : 4 000 emplois au minimum sont prévus, soit au moins 20 000 nouveaux résidents ou migrants entre Nantes et Notre-Dame-des-Landes ;
- Sur l'aménagement du territoire.

Il s'agit de définir les scénarios qui impliquent la création d'une ville nouvelle, ou la création d'un réseau de routes, notamment entre Nantes et le site.

- L'urbanisation du site devra tenir compte, non seulement de l'arrivée massive d'ouvriers sédentarisés mais de celle des familles des cadres et techniciens directement liée à l'ouverture de l'aéroport ;
- Le marché de l'emploi pour cadres et techniciens sera durablement impacté et, par conséquent, les besoins en services de

distribution, de soins, d'éducation, de loisir, d'hébergement temporaire (hôtels) ou définitif (résidentiel) le seront également ;

- Le transport, non seulement des 20 000 sédentaires, mais aussi de l'ensemble des passagers, changera la configuration du réseau des routes actuelles, des connections de chemin de fer, de métro, ou d'autres moyens de transport, non seulement avec Nantes, mais avec le réseau de communication de l'ensemble de la France.

Ces bouleversements auront un impact durable sur la réalité économique, sociale et environnementale de la ville de Nantes.

- L'immobilier d'abord, à cheval entre l'impact social (changement de la population locale d'une activité rurale vers une activité de services) et l'impact économique (recherche de l'immobilier accrue). Il est évident que les prix des terrains flamberont dans les vingt années à venir.
- La composition de la population ensuite. Le nombre de cadres et techniciens devrait également sensiblement augmenter. Une population de main-d'œuvre significative, probablement immigrée, se sédentarise.
- L'aménagement de territoire enfin : la présence de l'aéroport aura des impacts significatifs sur l'habitat et le réseau routier.

Pour le long terme (au-delà de 15 ans), envisager trois scénarios

Trois scénarios doivent être envisagés : le développement, la stagnation, la récession.

Le développement

Dans ce scénario, l'existence de l'aéroport attire et sédentarise une population de main-d'œuvre, de cadres et de techniciens qui s'ajoutera à une bonne partie de leurs aînés à la retraite.

Ce scénario implique la nécessité d'équipements sociaux (écoles, maternités, crèches, maisons de retraite, parcs publics, etc.), mais aussi de logements et d'infrastructures de transports, dont les besoins sont faciles à calculer : dans l'hypothèse d'une croissance de 5 % par an en besoins de cadres, techniciens et opérateurs, on passerait d'une population de 20 000 personnes (sédentarisées et délocalisées) à une population de 45 000 habitants en l'espace des quinze premières années de fonctionnement en plein régime, tout en sachant qu'une partie grandissante de cette population prendra sa retraite (entre 2 000 et 6 000 actifs) pendant la même période.

Le management durable doit calculer pour ce scénario le coût/les bénéfices de l'ensemble des services sociaux que nécessitera cette population.

● La stagnation

Dans ce scénario, l'aéroport reste un pôle constant d'environ 4 000 emplois et par conséquent, de sédentarisation locale ou d'immigration dans la région, dont Nantes principalement, de l'ordre de 20 000 habitants en plein régime.

Comme dans le scénario précédent, le management durable doit prévoir, calculer les investissements sociaux nécessaires, qui seront inévitablement soutenus par des rentrées moindres, et calculer le coût de vieillissement et de mise à la retraite progressive de cette population.

● La récession

Qu'arriverait-il, du point de vue social, si l'aéroport « ne décollait pas » ?

- ● Quel plan de réduction des effectifs, de reclassement dans la région ou ailleurs, de réaffectation des installations et investissements déjà réalisés ou programmés, faudrait-il élaborer ?
- ● Quel serait le coût des licenciements, des reclassements, de la réorientation des investissements sociaux ?
- ● Comment en assumer les conséquences ?

Le management durable se distingue du management traditionnel en ce qu'il envisage le désastre comme une possibilité, dont il faut identifier et maîtriser les causes possibles et les effets probables, comme pour tout autre désastre, plus particulièrement en matière sociale et environnementale.

L'impact environnemental

Pour le court terme (5 ans), maîtriser la perturbation du biotope

La construction de l'aéroport perturbera sans aucun doute durablement le biotope de la Lande. En plus, des travaux d'aménagement, vu les besoins de transport inévitables, seront des nuisances évidentes pour le biotope de Notre-Dame-des-Landes. Néanmoins, ces impacts seront facilement mesurables et – si nécessaire – maîtrisables.

Il suffira d'une surveillance du biotope par des spécialistes des sciences de la vie entre autres, pour s'assurer que l'impact sur l'environnement soit maîtrisé. Et, lorsqu'il ne l'est pas, de prendre les mesures correctives pour rectifier les impacts constatés.

Cette surveillance aura évidement un coût, tout comme des mesures correctives éventuelles mais elles peuvent être calculées et prévues dans les budgets prévisionnels.

Il n'est donc pas impossible de maîtriser les impacts environnementaux d'une œuvre majeure comme un aéroport, mais à condition :

- de ne pas les nier ;
- de prévoir des scénarios de compensation ;
- d'inscrire dans les budgets d'investissement des provisions pour les dommages potentiels à l'environnement.

Pour le moyen terme (5 à 15 ans) : aménager un PLU (Plan Local d'Urbanisation)

A moyen terme, il est évident que se poseront les problèmes du bruit, des émanations gazeuses des réacteurs des avions et des rejets de kérosène, de produits antigel – sans compter des ratés toujours possibles de la maîtrise des déchets, y compris des déchets ménagers, des huiles et des graisses et des accidents de dépotage d'hydrocarbures.

Pas si simple

Maîtriser l'ensemble des impacts environnementaux d'un nouvel aéroport ne se résume plus du tout à un simple calcul du cône de bruit et de préconiser en conséquence par décret les zones « non aedificandi ». On a vu à Roissy, mais aussi à Heathrow, La Guardia, Schiphol ou Francfort, l'inefficacité totale de tels calculs simplistes.

La pression sociale que génère l'activité d'un aéroport aura évidement comme résultat une expansion de l'immobilier autour du site.

Le problème environnemental à moyen terme ne sera pas résolu par des interdictions de constructions qui de toute façon seront contournées, mais par un plan local d'urbanisation qui tiendra compte des inévitables impacts environnementaux et par une conception architecturale qui tienne compte de l'activité de l'aéroport.

Pour le long terme,
envisager soit la pérennité, soit le déclin de l'aéroport

La pérennité de l'aéroport

L'impact sur l'habitat, la faune et la flore aura beau être calculé et prévu, il y aura toujours des impondérables qui se manifesteront avec le temps. Il conviendra, par conséquent, d'établir une instance d'observatoire des impacts environnementaux.

Il s'agira de mesurer en continu le bruit, les pollutions atmosphériques, la faune et la flore, la maîtrise des déchets et des rejets, le risque des pollutions des sols et des nappes phréatiques.

Établir un tableau de bord

Un tableau de bord mensuel ou au moins trimestriel devrait permettre de :

- *Prendre les mesures correctives, chaque fois qu'elles s'imposeront ;*
- *Communiquer avec les autorités et toutes les parties concernées (riverains, pêcheurs et chasseurs, associations, syndicats, etc.) sur l'efficacité du système du management durable ;*
- *Garder une traçabilité de tous les aspects du management durable.*

Le déclin de l'aéroport

Le management durable suppose aussi d'assumer la responsabilité et les conséquences d'un échec toujours possible, mais évidement pas souhaitable.

Que se passerait-il si le nouvel aéroport ne s'avérait pas rentable ou pas socialement utile à long terme ? Comment procéder à un démantèlement qui restaure l'équilibre du biotope, garantisse le reclassement social et la reconversion économique du site, des hommes et des femmes qui y travailleront ? Quels seront les coûts de réversibilité ?

Si on peut comprendre que psychologiquement, il est très difficile d'accepter une hypothèse d'échec au départ d'une entreprise aussi passionnante que la création d'un aéroport, le principe du management durable implique que le gestionnaire calcule le risque non seulement économique, mais également social et environnemental.

L'impact économique

Pour le court terme, responsabiliser toutes les parties prenantes

L'investissement de quelques milliards d'euros donnera à la région une impulsion de vie économique comparable au commerce tricontinental (produits manufacturés européens, esclaves africains, matières premières américaines) sur lequel Nantes a bâti au XVIIe et XVIIIe siècle sa richesse.

> **Passé, présent, futur, les 3 dimensions sont liées**
> *Le management durable n'est pas seulement une projection dans l'avenir, c'est aussi un regard sur le passé proche ou lointain, en vue de comprendre le présent.*

Le chantier de Notre-Dame-des-Landes nécessitera quelques milliers d'ouvriers et de techniciens BTP, tous les corps de métiers confondus.

On peut se demander combien de sous-traitants des grands industriels qui auront été sélectionnés sur appels d'offres, utiliseront des travailleurs clandestins, et combien ? On peut, sans trop de difficulté, chiffrer les avantages financiers pour ces employeurs et le déficit qui en résultera en termes d'Assedic, d'impôts, de taxes professionnelles, etc. pour tous, pour la collectivité qui, en France comme dans la plupart des pays européens, contrairement aux États-Unis, s'appelle « l'État ».

> **D'étranges normalités**
> *Il est normal – ou considéré comme tel – que les entreprises BTP sous-traitantes à Notre-Dame-des-Landes soient amenées à utiliser une main-d'œuvre clandestine.*
>
> *Tout comme il est normal – ou considéré comme tel – que la France soit le pays où les charges sociales sont les plus importantes du monde, avant la Suède – si on prend en compte le poids des impôts et taxes diverses.*

Le management durable doit être un effort de gestion de la réalité passée, présente et future, où toutes les parties prenantes, y compris l'État, les entreprises privées, les administrations ont un rôle de négociation permanente. Un management durable est un management responsable, y compris vis-à-vis de l'État.

Pour le moyen terme (5 à 15 ans),
prendre en compte l'ensemble des activités induites

Le fonctionnement de l'aéroport aura un impact économique considérable, faisant de Nantes une métropole régionale potentiellement
comparable à Lille, Lyon ou Marseille, depuis que la première est
devenue capitale du Nord-Pas-de-Calais grâce à sa connexion TGV
avec Paris et Bruxelles, la deuxième n'est qu'à deux heures de Paris, et
la troisième n'est ou ne sera qu'à deux heures de Barcelone et de
Turin.

Les activités induites à Nantes dépasseront de loin les 4 000 emplois
prévus, ce qui conduira à des besoins en services d'éducation, de
soins, de commerce, de transports, de police de proximité, etc.
L'ensemble de ces activités induites nécessitera des personnels qualifiés, quelques manutentionnaires et ouvriers, mais surtout des cadres
et techniciens des services. Le management durable suppose que dès
à présent, le système éducatif prévoit ces besoins et crée les filières
d'éducation nécessaires pour faire face à la demande future.

Une responsabilité élargie

*La responsabilité de la future direction de l'aéroport, dépasse par
conséquent, dans la conception du management durable, largement le périmètre de son terrain d'atterrissage et de décollage.*

Le tableau de bord des futurs responsables de l'aéroport ne se résu-
mera pas à un calcul comptable des coûts/bénéfices des activités dont
ils seront directement comptables. Il s'agira de calculer et de suivre le
coût des activités induites, sous-traitants et prestataires de services
compris. Car sans sous-traitance et prestataires de services, et sans
services publics, leur aéroport ne fonctionnera tout simplement pas.

Le management durable inclut dans son calcul économique, celui de
la santé financière actuelle et future de ses sous-traitants et prestataires de services, privés et publics. Sans partenariat, dûment négocié,
mais conclu à long terme, le management durable, et donc le développement durable, n'est qu'une chimère.

*Pour le long terme (au-delà de 15 ans),
envisager la réussite et le déclin*

● La réussite

En cas de réussite, l'aéroport engendrera environ 4 000 emplois directs et 4 000 emplois induits, soit environ 40 000 personnes directement ou indirectement liées économiquement et financièrement à cette activité. Il est clair que l'impact économique sur Nantes sera considérable.

En cas de réussite, l'aéroport deviendra lui-même, directement ou indirectement, le premier pôle économique de la région, ayant un effet d'attraction comme l'ont pu connaître Montpellier et Strasbourg dans la décennie 1975-85.

> **Prévoir les conséquences de la réussite
> dans les 3 domaines, économique, social, environnemental**
> *Le management durable doit prévoir les conséquences d'une telle réussite, non seulement du point de vue économique, mais également du point de vue des besoins sociaux et des impacts environnementaux prévisibles.*

Le désenclavement de la région et l'intégration pleine dans l'axe atlantique européen, réconfortant le rôle de Saint-Nazaire comme constructeur naval mondial, donnera un rôle clé à l'entreprise.

Si les retombées sociales et économiques positives sont assez faciles à visualiser, en termes d'emplois et de revenus privés et publics, les impacts environnementaux et sociaux de ce succès ne seront pas nécessairement pris en compte :

- Augmentation considérable du trafic et des transports dans la région, avec les risques permanents de pollution qu'elle implique ;
- Augmentation de la densité démographique, avec les risques sociaux d'explosion immobilière et de manque d'infrastructures environnementales (réseau d'égouts, stations de traitement, alimentation en eau et électricité).

Le problème, en cas de succès, ne sera pas de craindre, mais d'en prévoir les conséquences, en termes économiques, sociaux et environnementaux.

Le management durable suppose de faire face aux problèmes engendrés par le succès.

● Le déclin

Le management durable dans les entreprises privées et publiques doit prévoir, au moins dans le long terme, la possibilité d'échec. Elles en ont le devoir moral, légal et, trop rarement, juridique vis-à-vis de leurs employés, actionnaires et clients. Pour le service public, ce devoir n'est certes que moral et légal, mais il n'en existe pas moins pour autant.

La question est simple : que faire en cas d'échec ?

> ### *Étrange similitude*
>
> *On pourrait se demander si ce n'est pas parce que la plupart de nos capitaines d'industrie sont sortis d'une école militaire – polytechnique – ou d'administration publique – l'ENA – qu'il n'y a jamais de plan de retraite, en cas d'échec.*
>
> *De Bonaparte, en passant par Napoléon III, Nivelle, Maginot et de Lattre, on trouve la même logique chez nos généraux de l'industrie et de l'administration.*
>
> *Un plan d'attaque, oui, un plan de retraite, jamais.*
>
> *Le Pont d'Arcole oui, la Bérézina non.*
>
> *Abd-el Kader oui, Sedan, non.*
>
> *Août 1914 oui, août 1917, non.*
>
> *Mai 1939 oui, mai 1940 non.*
>
> *Hanoi 1945 oui, Dien Bien Phu 1954, non.*
>
> *Il est pour le moins surprenant que nos ingénieurs, économistes et hauts fonctionnaires, nés comme moi dans un siècle qui a vu la destruction des biens et des personnes pendant les deux guerres mondiales, la négation de la dignité humaine sous le nazisme et le stalinisme, l'échec économique mondial des riches, face à leur propre détresse et à la catastrophe africaine, face à de faillites de groupes multinationaux (CRÉDIT LYONNAIS, ENRON, VIVENDI, etc.) n'ont jamais été formés à gérer l'échec.*

Le management durable est un système de gestion responsable. Il doit prévoir des plans de retraite, en cas d'échec. Des plans de retraite planifiés, organisés, probablement secrets, mais avant tout existants. Le management durable suppose la responsabilité, y compris devant l'échec.

Dans l'étude de cas de l'aéroport de Notre-Dame-des-Landes, un échec serait une désaffection non prévue des liaisons nationales et européennes, qui de toute façon ne se dessinerait que d'ici quinze ans.

Trois plans seront à mettre en œuvre, dans ce cas, mais devraient être établis de façon prévisionnelle, dès le départ :

- Comment reclasser les salariés de la société, ainsi que ceux de l'ensemble des sous-traitants ?
- Comment réorienter les investissements réalisés ?
- Comment reclasser les sites ?

Poser ces questions ne traduit pas un manque de confiance dans le projet, c'est prévoir à long terme de façon responsable, la stratégie de repli en cas de non-succès Pour ceux qui trouvent incongrue l'idée même d'un plan en cas d'échec, je rappelle que plusieurs exemples de repli programmé, après lancement de très grands travaux, non seulement existent, mais s'avèrent opérationnels.

Le plan de retrait des Jeux olympiques,
exemple d'une approche de management durable

Tous les quatre ans, l'organisation des Jeux olympiques dans l'une des capitales du monde nécessite un effort de réflexion et d'investissements comparable à la construction d'un aéroport.

Mais comme chacun sait, et surtout accepte que ce gigantesque effort ne servira qu'une activité de quelques semaines, il est tout à fait admis, voire exigé par le CIO, que la stratégie financière, sociale et environnementale dépasse de loin le point culminant que constituent les Jeux eux-mêmes.

- Que faire, après l'évènement planétaire éphémère, non seulement des investissements en équipements de compétition (stades, piscines, circuits, etc.) mais aussi en investissements auxiliaires : village olympique, équipements de communication au niveau mondial, moyens de transport, etc. ?
- Que faire de l'armée de fonctionnaires, employés, intérimaires, forces de l'ordre, qui auront permis de vivre cet évènement de quelques semaines seulement, au niveau de la planète ?
- Que faire d'une organisation qui n'a plus raison d'être, une fois les Jeux finis ?
- Que faire, enfin, des investissements et de l'organisation de l'assainissement, collecte des ordures et des déchets,

d'optimisation du transport et de la circulation, enfin de la sécurité et de la sûreté ?

Ainsi pour les Jeux olympiques, la stratégie de repli est intégrée dans les règles de succès, dès le départ. La planification ne prévoit pas seulement l'ascension jusqu'au paroxysme, que constituent les Jeux eux-mêmes, mais également la déconstruction de tout l'édifice.

Il n'y a aucune raison pour que les très grands projets d'aménagement ne puissent pas suivre cet exemple.

En conclusion : ce que management durable signifie

Le trois cas opposés de l'Eurotunnel, de l'aéroport de Notre-Dame-des-Landes et des Jeux olympiques démontrent ce que le concept de management durable veut dire : le long terme plutôt que le court terme, une vue prospective plutôt qu'un compte de résultat prévisionnel.

Dans les plans de management traditionnel, le long terme est rarement envisagé, si ce n'est en termes économiques et sur des périodes très courtes.

Il y a pour le moins contradiction, lorsque les plus hautes autorités politiques, en Europe comme aux États-Unis, prônent le développement durable et que les écoles qui préparent les futurs dirigeants de la planète leur apprennent comment calculer des profits à 3 mois.

Le management durable doit avoir comme objectif d'être avant tout opérationnel sur le terrain à court, moyen et long terme, dans les entreprises, dans les organisations et dans les administrations.

Pour être opérationnel, il s'agit d'échapper :

- Au messianisme du développement durable, prêché dans les grands-messes internationales, qui ne changent en rien les attitudes, comportements et objectifs à court terme, qu'elles sont supposées infléchir ;
- A l'angélisme des mouvements verts, en Europe continentale mais aussi aux États-Unis, fondé essentiellement sur le

romantisme allemand (Goethe), anglais (Defoe), français (Bernardin de Saint Pierre), tous citadins du XVIIIe siècle, pour qui le retour à la nature était le « politiquement correct » de l'époque, comme avant eux pour Horace et Virgile dans une Rome surpeuplée et sur-polluée, au début de l'ère chrétienne, sous le règne d'Auguste.

- A l'économisme étriqué des écoles de gestion de **toute** la planète, où l'on apprend aux futurs responsables des entreprises et des organisations, de ne compter qu'en équations de l'ici et du maintenant.

Ce n'est pas au niveau des politiques – certes indispensables pour soutenir de façon législative les efforts - mais au niveau des entreprises et des organisations de réapprendre ce que le long terme veut dire.

Sinon, le concept politique de développement durable n'a aucun sens.

Le management durable se veut une réponse à la folie du court terme, qui est la base même de l'aménagement et de la pratique de gestion de nos actuels et futurs responsables économiques et politiques, aux États-Unis et en Europe.

Bibliographie

AARONSON S.A., REEVES J., *The European Response to Public Demands for Global Corporate responsibility*, National Policy Association, 2002. Site : NPA Washington.

ANDRACA, ROBERTO DE., KEN F & MCCREADY, *Internalizing environmental costs to promote eco-efficiency*, BCSD, Genève, 1994.

ATTALI J., *L'homme nomade*, Fayard, 2003.

ATTALI J., *La voie humaine : Pour une nouvelle social-démocratie*, Fayard, 2004.

BACKER P., *Le management vert*, 2e édition, Dunod, 1998.

BALLET J., BRY (de) F., *L'Entreprise et l'éthique*, Seuil, coll. « Points Économie », 2001.

BENHAYOUN G. & GAUSSIER N., *L'ancrage territorial du développement durable*, L'Harmattan.

BERENBEIN R.E, *Global Corporate Ethics Practice : A developing Consensus, conference board*, 1999.

BIRNBACHER D., *La responsabilité envers les générations futures*, PUF, 1994.

BOITEUX M. et al., *L'Homme et sa planète, Problèmes du développement durable*, Académie des sciences morales et politiques, PUF, 2003.

BOYER A. (dir.), *L'impossible éthique des entreprises – réflexion sur une utopie moderne*, Éditions d'Organisation, 2002.

BROWN L.R., *Éco-Économie : une autre croissance est possible, écologique et durable*, trad. Fr. de Denis Trierweiler, Seuil, 2003.

CAMDESSUS M., BADRÉ B., CHERET I., TENIÈRE-BUCHOT P.F., *Eau*, Robert Laffont, 2004.

CAMDESSUS M., WINPENNY J. et al., *Financer l'eau pour tous*, rapport du panel mondial sur le financement des infrastructures de l'eau, Conseil mondial de l'eau, Partenariat mondial de l'eau, 2003.

CHANVEAU A., ROSÉ J.J., *L'entreprise responsable*, Éditions d'Organisation, 2003.

CHAUVEAU A. & D'HUMIÈRES P., *les pionniers de l'entreprise responsable*, Éditions d'Organisation, 2001.

CHEN T.D., *The science of smart growth*, Scientific American, décembre 2000.

Chiffres sur l'usage des engrais : séries statistiques de la FAO, Annuaire FAO des engrais, Rome, diverses années, et Kim Gay Soh et Michel Prud'homme, *Fertiliser*

Consumption Report : World and Regional Overviewand Country Reports, Paris, International Fertilizer Industry Association (IFA), décembre 2000.

COMTE-SPONVILLE A., *Le capitalisme est-il moral ?* Albin Michel, 2004.

CSR Europe, *Communicating, Corporate Social Responsibility, Transparency, Reporting, Accountability (Analysis of Currents Trends, Strategies Reporting and examples of best practices, Measuring a Company's Performance*, Site : www.csreurope.org

DELCOURT J., WOOT P. (dir.), *Les défis de la globalisation, Babel ou Pentecôte ?* Presses Universitaires de Louvain, 2001.

DEMARIA C., *Développement durable et Finance*, Maxima, 2004.

DESIMONE, LIVIO AND FRANK POPOFF, *Eco-efficiency : The business link to sustainable development*, MIT Press, Cambridge MA, 1997.

DIODORE DE SICILE, *Bibliothèque Historique*, Livre XII, Les Belles Lettres, 1972.

DUBIGEON O., *Mettre en pratique le développement durable*, Village Mondial, 2002.

DUBOS R., *L'homme et l'adaptation au milieu*, Payot, 1973.

DUMONT R., *L'Afrique noire est mal partie*, Seuil, 1973.

DUNN S., *Hydrogen Futures : Toward a Sustainable Energy System*, document du Worldwatch n° 157, Worldwatch Institute, août 2001.

EVAN W.M., FREEMAN R.E., « *A stakeholder theory of the modern corporation : Kantian capitalism* », in Beauchamp T., Bowie, N.E., *Ethical Theory and Business*, Prentice Hall, Englewood Cliffs, New Jersey,1993.

FAO, *Forext Ressources Assessment (FRA) 2000, www.fao.org/foresty/fo/fra/index.jsp*, mise à jour 10 avril 2001. – Contraste pays industrialisés/pays en développement : ibid., p. 3.

FÉRONE G., D'ARCIMOLES C.H., BELLO P., SASSENOU N., *Le développement durable*, Éditions d'Organisation, 2001.

FÉRONE G., DEBAS D., GENIN A.S., *Ce que développement durable veut dire*, Éditions d'Organisation, 2004.

FLAVIN C., LENSSEN N., *Power Surge*, W.W. Norton & Company, 1994.

FROMM E., *Man for himself : an inquiry into the psychology of ethics*, New York Holt, Rinehart & Winston, 1947.

GAUDIN T., *L'aménagement du territoire, vu de 2100*, Éditions de l'Aube, 1994.

GAUDIN T., *Introduction à l'économie cognitive*, Éditions de l'Aube, 1997.

GELINIER O., SIMON F.X., BILLARD J.P., MULLER J.L., *Développement durable : Pour une entreprise compétitive et responsable*, ESF éditeur, 2002.

GIRAN M., *Le Guide du développement durable : Internet pour une terre nette*, Alias etc., 2003.

GIROULT É., SEUX R. et al., *Eau, environnement, santé, un enjeu majeur pour le XXIe siècle*, Académie de l'eau, Agences de l'eau, École nationale de la Santé publique, Édition ENSP, 2003.

GONZAGUE A., TOUBOUL S., *Vous avez dit ENTREPRISES RESPONSABLES ?* Vie & Cie, 2003.

GOUBERT J.P., *La conquête de l'eau*, Robert Laffont,1986.

IFEN, *45 indicateurs de développement durable*, Études et travaux n° 41, 2003.

JENSEN M., *« Value maximization, stakeholder theory, and the corporate objective function »*, in European Financial Management Review, vol. 7, 2001.

KANE H., *Geothermal power gains*, in Lester R. Brown et al., *Vital Signs 1993*, W.W. Norton & Company, 1993.

KORFF (alii), *Handbuch der Wirtschaftethick, 4 Bände*, Güterlöcher Verlagshaus, 1999.

KUHN S.T., *La structure des révolutions scientifiques*, trad. fr. de Maure Meyer, Flammarion, coll. « Champs », 1991.

LAVILLE, E., *L'entreprise verte*, Village Mondial, 2002.

LEDOUBLE P., *Des cadres dans la mondialisation, de la guerre économique à une économie de paix*, Desclée de Brouwer, 2002.

LEPAGE C. GUÉRY F., *La Politique de précaution*, PUF, 2001.

LEPAGE C., *Bien gérer l'environnement : une chance pour l'entreprise*, Publications du moniteur, 1999.

MADDISON A., *L'Économie mondiale, 1820-1992 : analyse et statistiques*, OCDE, 1995.

MATTOON T.A., *« Paper forests »*, World Watch, mars–avril 1998.

MCGINN P.A., *Why Poison Ourselves ? A Precautionary Approach to Synthetic Chemicals*, document du Worldwatch n° 153, Worldwatch Institute, novembre 2000.

MOOR (de) A., CALAMAI P., *Subsidizing Unsustainable Development*, Earth Council, 1997.

MORTGAT B., *Organismes (les) financiers moteurs du développement durable*, Environnement & Technique n° 177, juin 1998.

MOUTAMALLE L., *L'intégration du développement durable au management quotidien d'une entreprise*, L'Harmattan, 2004.

OCDE, *Responsabilités des entreprises : initiatives privées, objectifs publics*, 2002.

OCDE, *Les Perspectives de l'Environnement de l'OCDE*, 2001.

PACHAURI R.K., SRIDHARAN P.V. (éd.), *Looking Back to Think Ahead (abridged version)*, Green India 2047 Project, Tata Energy Research Institute, 1998.

PLATT B., MORRIS D., *The Economic Benefits of Recycling*, Institute for Local Self-Reliance, janvier 1993.

PLATT B., SELDMAN N., *Wasting and Recycling in the United States 2000*, GrassRoots Recycling Network, 2000.

QUIN F., *Financing change : The financial community, eco-efficiency, and sustainable development*, MIT Press, Cambridge MA, 1996.

SCHMIDHEINY S., *Changer de cap*, Dunod, 1992.

SERRES M., *Éléments d'histoire des sciences*, Bordas, 1989.

Silicom Valley Toxics Coalition, *Poison PCs and Toxic TVs*, Steel Recycling Institute, 7 avril 2000.

STEPHANY D., *Développement durable et performance de l'entreprise*, Éditions Liaisons, 2003.

THUCYDIDE, *La guerre du Péloponnèse*, Livre II, trad. fr. de Jacqueline de Romilly, Les Belles Lettres, 1962.

Union européenne : Michel Prud'homme et Kim Gay Soh, *Short Term Prospects for World Agriculture and Fertilizer Use, Paris, IFA,* novembre 2000.

WARD B., DUBOS R., *Nous n'avons qu'une terre*, Denoël,1972.

WIEDEMANN–GOIRAN T., PERIER F., LEPINEUX F., *Développement durable et gouvernement d'entreprise, un dialogue prometteur*, Éditions d'Organisation, 2003.

World Wide Fund for Nature, *The Forest Industry in the 21st Century,* Forest Stewardship Council, juin 2001.

ZSOLNAI L., (ed.), *The European difference, business ethics in the community of European management schools*, Kluwer Academic Publishers, 1998.

www.ingramcontent.com/pod-product-compliance
Lightning Source LLC
Chambersburg PA
CBHW080529220326
41599CB00032B/6250